中 国 建 投 研 究 丛 书

企业文化解构与实践

The Resolving and Practices
of Corporate Culture

张璐璐　涂　俊　范雪莹　单治国／编著

社会科学文献出版社
SOCIAL SCIENCES ACADEMIC PRESS (CHINA)

总　序

　　一千多年前，维京海盗抢掠的足迹遍及整个欧洲。南临红海，西到北美，东至巴格达，所到之处无不让人闻风丧胆，所经之地无不血流成河。这个在欧洲大陆肆虐整整三个世纪的悍匪民族却在公元 1100 年偃旗息鼓，过起了恬然安定的和平生活。个中缘由一直为后人猜测、追寻，对历史的敬畏与求索从未间歇。2007 年，维京一个山洞出土大笔财富，其中有当时俄罗斯、伊拉克、伊朗、印度、埃及等国的多种货币，货币发行时间相差半年。"维京之谜"似因这考古圈的重大发现而略窥一斑——他们的财富经营方式改变了，由掠夺走向交换；他们学会了市场，学会了贸易，学会了资金的融通与衍生——而资金的融通与衍生改变了一个民族的文明。

　　投资，并非现代社会的属性；借贷早在公元前 1200 年到公元前 500 年的古代奴隶社会帝国的建立时期便已出现。从十字军东征到维京海盗从良，从宋代的交子到曾以高利贷为生的犹太人，从郁金香泡沫带给荷兰的痛殇到南海泡沫树立之英国政府的诚信丰碑，历史撰写着金融发展的巨篇。随着现代科学的进步，资金的融通与衍生逐渐成为一国发展乃至世界发展的重要线索。这些事件背后的规律与启示、经验与教训值得孜孜探究与不辍研习，为个人、企业乃至国家的发展提供历久弥新的助力。

　　所幸更有一批乐于思考、心怀热忱的求知之士勤力于经济、金融、投资、管理等领域的研究。于经典理论，心怀敬畏，不惧求索；于实践探索，尊重规律，图求创新。此思索不停的精神、实践不息的勇气当为勉励，实践与思索的成果更应为有识之士批判借鉴、互勉共享。

　　调与金石谐，思逐风云上。《中国建投研究丛书》是中国建银投资有限责任公司同事在瞻顾历史与瞻望未来的进程中，深入地体察和研究市场发展及经济、金融之本性、趋向和后果，结合自己的职业活动，精制而成。丛书企望提供对现代经济管理与金融投资多角度的认知、借鉴与参考。如果能够引起读者的兴趣，进而收获思想的启迪，即是编者的荣幸。

　　是为序。

张睦伦

2012 年 8 月

编辑说明

中国建银投资有限责任公司（中国建投）为推动研究工作不断深入，促进相关领域学术交流，编辑出版《中国建投研究丛书》。每年出版一辑，每辑若干卷。希望这些研究成果能够为政府相关部门、企业、研究机构以及社会各界读者提供参考。

《丛书》收辑中国建投本部及所属企业研究者的研究报告、学术专著和论文集等，内容涉及经济、金融、投资、企业管理等各个方面，包括投资实例、公司治理、集团管控、企业文化、人力资源、财务管理等，也包括对宏观经济、金融、行业、产业、法律、社会等相关问题的研究，以及国内外社会科学热点问题的研究。

本研究丛书仅代表作者本人或研究团队的观点，文责自负。文中若有不妥、甚至错误之处，欢迎广大读者批评指正。

目　录

下篇 走在同一条路上：企业文化的实践

前　言

　　企业文化（Corporate Culture）也称组织文化，是在一个组织中，由其共有的价值观、仪式、符号、处事方式和信念等组成的、特有的文化形象。对企业文化的研究和实践兴起于 20 世纪 70～80 年代。当时，日本企业的迅速崛起使得西方管理学专家开始重视和研究企业文化对企业管理与竞争力的促进作用。当今时代，文化越来越成为企业凝聚力和创造力的重要源泉，文化软实力越来越成为企业综合实力和核心竞争力的重要组成部分。

　　本质上，企业文化是企业经过长期发展和积累之后所形成的，所有人共同遵循的核心价值观、行为规范和企业哲学。成功的企业文化往往蕴涵着企业独有的 DNA，很难被竞争对手所模仿和复制，因此也具有核心竞争力的特征。在企业界和理论界，对企业文化的积极作用已经达成了广泛共识：健康、积极的企业文化能够给企业带来一种持久的推动力，助推经营和管理，形成有利于企业长期发展的合力，帮助企业树立独特的竞争优势并加以保持。反观在本次金融危机和全球经济低潮中出现问题的一些知名企业，其深层次的原因往往离不开企业文化的衰落以及对核心价值观的漠视。同时，一些中国企业特别是国有企业在如何看待企业文化建设，如何开展企业文化建设方面也还存在一些误区，有必要予以澄清。因此，我们深感企业文化问题将在未来的市场竞争中关系到中国企业之兴衰，亦知肩头责任之沉重。

中国建银投资有限责任公司（简称中国建投）是一家国有综合性集团公司。公司自2004年成立以来，高度重视企业文化建设工作，开展了大量的探索、思考和讨论，并致力于将企业文化转化为核心竞争力要素之一。在此基础上，中国建投先后推出了《企业文化手册》、《业务工作典型案例汇编》、《金融投资公司核心竞争力》、《员工行为规范》等资料、书籍或规章，集中反映了企业文化建设的丰富成果。通过反复讨论提炼，结合多年发展的实践，形成了"忠信至诚、尽责至善、团结至坚、笃行至韧、进取至臻"的二十字核心价值观及其诠释，组织开展了员工遵循核心价值观行为表现评价工作。通过完善研修院、集团报、微群等企业文化建设平台，进一步发挥企业文化建设在集团管控中的作用，努力使企业文化真正成为公司业务发展和管理提升的重要精神动力和有力支撑。

本书是我们在研究学习企业文化的相关理论和知识、推进中国建投企业文化建设过程中形成的研究成果，也是中国建投企业文化建设工作的组成部分。全书系统梳理了企业文化的理论和发展历史，总结了国内外企业文化建设的成功经验和失败教训，并结合中国建投企业文化建设实践进行了深入思考，还原企业文化在中国企业中的真实面貌，展现其助推企业发展的巨大潜力。我们希望本书能为企业中高级管理层、企业文化建设工作者以及相关研究人员提供参考。

本书重点围绕企业文化的解构以及中国企业的企业文化建设实践展开分析和讨论，特别对国有企业如何在新形势下扬长避短，利用企业文化工具实现长期健康发展等问题进行了深入的思考。全书分为上下两篇，上篇从理论的角度对企业文化的主要因素进行了分析，包括文化与制度的关系、风险文化、人本精神、企业家、社会责任以及品牌等。下篇从实践的角度介绍如何开展企业文化建设和如何充分发挥企业文化的力量，主要涉及价值观、类比、认同、标杆、评价、集团文化管控以及文化的创新变革等。全书对企业文化的探讨跳出了传统框架，不仅吸收了中国传统文化的因素，也介绍了能力素质模型、企业文化革新等现代管理工具和做法，辅以国内外知名企业案例，力图描绘一幅通往企业文化建设成功之路的立体地图。

在本书的研究编写过程中，我们得到了中国建投领导的关心指导和相关部门的大力支持，张睦伦总裁亲自主持学术研究管理委员会审定了本书编写提纲，在此表示由衷的感谢！书不尽意，希望此项研究能为更多的企业家和学者提供借鉴，为中国企业发展尽绵薄之力，那将是对所有关心支持我们工作的人所奉献的最好回馈。

上　篇
主宰命运的无形力量：
成也文化，败也文化

第一章 铁板一块或散沙一盘：
文化的重要

进入新世纪以来，特别是在加入世贸组织之后，中国改革发展的步伐进一步加快，迅速融入全球化格局之中。中国当之无愧地成为全球经济两大引擎之一，连续十年保持了两位数的增速，经济总量稳稳跃居世界第二，在金融危机爆发之后成为全球经济的"定海神针"。相应地，中国企业历经国内外市场竞争的洗礼，公司治理结构和企业制度不断完善，综合实力和影响力也大幅提升。特别是作为"共和国长子"的国有企业，在体制机制创新、技术创新、管理创新、文化创新的道路上取得了长足的进步。他们的发展追求从"做最赚钱"到"做大"到"做强"，再到"做尊敬"，直到"做长久"，企业文化的力量越来越凸显出来。

一 企业文化的前世今生

● 认识企业和文化

在现代经济社会中，企业作为自成体系的经济组织，是重要的活动单元，也是整个社会体系中独具特色的子体系。随着现代市场竞争的不断升温，各国企业进入了全面比拼的时代。特别是进入新世纪以来，在拼价格、拼技术、拼资源、拼管理、拼人才的基础上，越来越多的企业认识到"拼文化"对于保持自身长期稳定发展的重要意义。

文化是人类的行为习惯以及相应形成的社会表现氛围，是相对于经济、政治而言的人类全部精神活动及其产品。在英语中，"culture"一词源自拉丁文的动词 colo，colere，colui，cultum 等，原义包括栽培、培养、驯养、耕种、照管，等等。随着历史的发展，在西方人对"culure"一词的实际使用中，它的含义不断扩展，逐渐引申为对人自身本能状态的教化、培养和活动，以及对人与人之间关系的培养。

回到企业之中来看，尽管现代企业的电气化、机械化水平不断提高，但人在企业经营中的核心作用仍然无可替代，人的因素依然是企业生死成败的关键。与冰冷的机器相比，人有血有肉，有思想和主观意识。人对整个生产过程的参与，必然会影响到企业的组织和运行。相应地，蕴涵在人思想中的文化要素会影响企业的发展；反之亦然，企业的活动也体现和塑造着企业的文化要素和人的行为。企业经营管理与企业文化发展之间相互影响、相互渗透，不可分割。即使对于那些没有提出企业文化口号和品牌形象的企业而言，企业文化仍然是悄然存在的。

可见，企业文化是企业经过长期发展和积累之后所形成的核心价值观和企业哲学，蕴涵着企业独有的 DNA，很难被竞争对手所模仿和复制，因此也具有核心竞争力的特征，能够帮助企业树立独特的竞争优势并加以保持。

● 企业文化的兴起

企业文化理论正式兴起于 20 世纪 70～80 年代，但企业文化本身随着现代企业的诞生而早就出现了。作为整个社会文化体系中独有的一种亚文化现象，透过企业生产经营的物质基础及产品和服务，企业文化在客观上反映出了企业组织、管理、经营中的特色，以及蕴涵在企业人员身上的群体意识、价值观念和行为规范。

在实践中，企业文化理论之所以得到关注，最早源于日本企业在20世纪70年代的快速崛起。西方发达国家的企业首当其冲地受到挤压和影响，继而引起了各界对日本企业管理现象，特别是其中企业文化现象的研究热潮。到80年代初，企业文化的研究开始起步，主要集中在厘清企业文化的概念和类型，以及探讨企业文化与企业管理之间的关联等问题。作为最早的企业文化理论倡导者，威廉·大内在1981年推出了著作《Z理论：美国企业怎样迎接日本的挑战》，将日本企业成功的主要原因归结为独特的日本企业文化，并相应引起了对企业文化的广泛研究。此后，随着《日本企业管理艺术》、《企业文化：现代企业的精神支柱》、《寻求优势——美国成功公司的经验》等著作的出现，企业文化研究掀起了热潮。自20世纪90年代至今，围绕企业文化的基本理论、企业文化与企业效益和企业发展的关系、企业文化测量，以及企业文化的诊断和评估，各国研究者和企业家开展了大量的研究和实践探索。

在我国，企业文化研究和实践起始于20世纪末期。伴随着国有企业改革取得阶段性成果和对外开放的加速，国内企业一方面实力有所增强，另一方面面临着激烈的国际竞争，开始思考如何构建强劲、持久的核心竞争力。诸如"海尔"、"联想"、"华为"等企业的文化现象成为同类企业争相效仿的对象以及研究机构探讨的热点。时至今日，大多数国内企业特别是国有企业，已经将企业文化建设提升到战略高度，作为提升企业核心竞争力、参与国内外竞争的重要手段。

● 超越企业管理的文化动力

在卓别林的《摩登时代》一片中，导演对流水线进行了辛辣的讽刺：庞大得令人恐慌的机器、繁忙冷酷的工厂，时刻盯着工人们的监工。卓别林饰演的工人像上了发条的玩具一般穿梭在机器中间，不停地拧螺丝，从不停歇。直到他的眼里除了螺丝别无他物，最后发疯跑到街上去拧女士衣服上的扣子。将工人机器化，这就是 19 世纪末泰勒创立的科学管理理论体系所带来的负面效应。科学管理体系的前提假设就是将人当做机器看待——当人和机器形成一种最佳匹配的时候，人就成了流水线的一个组成部分。但是人毕竟不是机器，作为泰勒理论的成功实践者，亨利·福特曾感慨："每次只需要一双手，来的却是一个人。"

相比之下，日本的企业更加关注人的因素。丰田汽车在设计流水线时给每一个工位都安上一个开关。如果工人觉得跟不上流水线的速度，可以随时按下自己工位的开关，让流水线停下来。这一安排将对"人"的尊重放在对机器的重视之上，反而促使工人更加自觉地工作，不去按开关。

于是，管理学视野的重点逐渐从机器转向"人"，探讨人与机器如何协调控制，以及对人的关注是如何影响企业长期发展的。对于人和人性的认识不断深化，对附着在人精神层面的企业文化也日益重视，这是企业管理理念的重要进步。美国哈佛商学院教授约翰·科特研究发现，与不重视企业文化建设的企业相比，重视建设的企业在增长率、利润率等各项指标上显著地表现更好，因此他指出："企业文化在下一个十年内很可能成为决定企业兴衰的关键性因素。"

对任何一个企业而言，想要跻身全球 500 强固然非常困难，而要保持在 500 强行列中屹立百年更是难上加难。据统计，全球 500 强企业的平均寿命约为 40~50 岁，全球 1000 强的平均寿命是 30 岁，跨国公司平均 11~12 岁；中国的集团企业平均寿命是 7~8 岁，中国企业平均寿命则只有 3.5 岁。随着中国企业的成长和成熟，有越来越多的本土管理者和专家都不再把重心放在如何赚取更多利润上。中国企业不再一味地追求做更加赚钱的企业，还要追求做大、做强、做受人尊敬的企业。还有少数精英企业家已经开始思考更高层面的问题，就是如何做"长久"的企业。

大部分企业的需求与人一样是逐步提升的——首先满足生存的需要，然后考虑如何生存得更好，最后才会考虑到如何生存更久。而杰出的企业往往在发展早期就已经开始了关于"做长久"的考虑。企业的长久健康发展离不开管理，管理的关键在文化，同时管理本身也是文化的一部分。企业文化能够带来一种强大的、内生的推动力，促使企业员工自觉采取一致性的行动。健康、积极的企业文化因而能够给企业带来一种持久的推动力，助推经营和管理，形成有利于企业长期发展的合力。

二　读懂企业文化地图

● 企业文化 6 要素

每一场关于企业文化的讨论，首先提到的问题往往都是"企业文化包括哪些要素？"在进一步讨论企业文化之前，我们需要就企业文化的主要组成部分达成共识，以推进下一步的分析。这对每一个研究者来说都是一个难题，因为各要素必须明确、直接、完整，以便于理解，但同时又不能将企业文化的复杂体系过于简化。

接下来，我们为读者提供一个企业文化的分析框架，帮助大家更加方便地理解和讨论企业文化，并结合自己所在的组织分析相应的企业文化。这个框架同时也是本书的主要线索，它主要涉及企业与两大方面的连接——内部与员工连接，外部与市场连接。相应地，企业文化包括六大因素：制度、风险文化、以人为本、企业家、社会责任以及品牌。

与内部员工连接的要素包括制度、风险文化和以人为本，与外部市场连接的要素包括企业家、社会责任和品牌。

第一，企业文化最初是由一系列较为抽象的语句或口号构成的文化符号，除了贴在墙上宣传意外，我们还能用什么更有力的工具来指导和规范员工践行企业文化呢？这就是制度。

第二，现代企业面临各种各样的内外部风险因素，我们用什么来使得文化更加"安全"？如何促使员工的自觉行为都能够有利于风险控制呢？这就需要风险文化的渗透。

第三，企业文化首先是面向企业内部员工的文化，然后才是对外的文化。企业发展以及企业文化建设主要依靠谁？答案就是人，即企业中的人。所以企业文化的核心必须从"人本"出发，再落到人的身上，始终坚持以人为本。

其中，制度一头连接以人为本，一头连接风险管理，是企业文化向内部员工传导的具体通道。

第四，如果将企业比喻为在市场中搏杀的军队或军团，员工就是士兵，那么企业家就是将军。他们解决的是"谁带领企业走向市场"、"谁牵头推进企业文化建设"的问题。离开了将军而只有士兵的企业是不可能打胜仗的。

第五，除了追逐利润，现代企业还应该追求什么目标？企业除了对赢利负责，还要对什么负责？企业社会责任回答的是企业存在的目标和意义这一终极问题。

第六，在纷繁复杂的市场上，企业凭借什么将自己的产品与服务与其他竞争者相区别开？用什么让客户记住自己并产生忠诚度？这就要依靠品牌。

其中，品牌一方面是企业家带领打造的，另一方面又通过企业履行社会责任而得到增值，是企业文化向外部市场传导的具体形式。

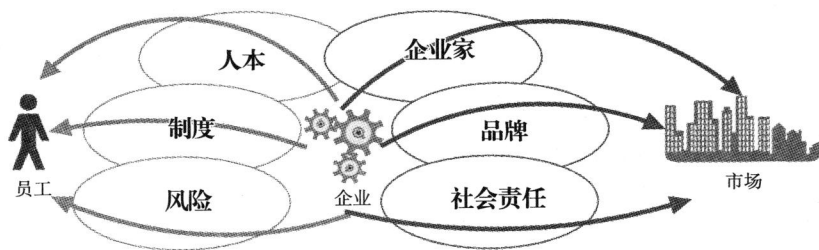

图 1　企业文化 6 要素地图

- **制度**

制度是企业文化，特别是价值观的外化表现。通过企业制度，将抽象的价值观落实到具体的条文和行为准则中去。通过约束或鼓励员工的行为，使得员工对企业文化有更加清晰的认识。由于制度具有较强的约束性和可操作性，它最低程度可以确保企业正常、安全运营，在此基础上还有可能帮助产生对企业价值观的认同，促进企业价值观得到实践。

因此，企业制度必须能够体现企业文化和特征，而且要保证切实得到执行。比如一家追求创新、灵活、开放的中小型企业，往往采取分权和扁平化的组织架构，制度体系相对宽松，授权范围较大。而一家追求安全、稳定、规模的大中型企业，往往采用集权和层级化的组织架构，制度体系相对严密，授权范围较小。可见，企业制度反映企业文化，并保证企业文化在执行层面得以落地。

• 风险文化

今天的市场中，没有一个企业是不面临风险的。因此，在构建企业文化时，企业必须结合外部环境、行业趋势、自身特点和战略目标，将可能存在的风险因素考虑进去。反之，忽视风险因素的企业文化体系必然导致企业失去对风险的警惕和应对能力，导致实现战略目标的难度加大甚至让企业走入歧途。

风险文化是风险管理体系的基础，但绝不仅仅止步于风险管理体系。从安然公司到巴林银行，从雷曼兄弟到中航油新加坡公司，无一不配备了先进的风险管理技术和最好的风险管理人员，但却都对巨大的风险敞口视若无睹。这就是因为风险文化缺位，导致"一叶障目不见泰山"。风险管理体系的真正到位，有赖于每一个员工的风险意识真正到位。换言之，通过企业风险文化建设，使得员工在行动时总是能够下意识地往"最坏"的可能性考虑，及时发现可能存在的风险隐患，从而形成防微杜渐的全员防线。

• 以人为本

企业文化的创造者和执行者在企业内部，从表面看上去再光鲜的企业文化，如果没有内部员工的认同、支持和实践，就不可能真正发挥作用，只是一张画皮。因此，"员工"、"人"的因素在百年企业的文化实践中是最应受到重视的。

沃尔玛集团是世界零售业中最大的集团，连续多年位居世界 500 强前三。其创始人山姆·沃尔顿提倡的十大成功原则中，有七条是与"员工"相关的：

- 要成功就必须忠于你的事业。只有热爱工作，才会尽自己所能，把工作做到最好。并且可以通过对工作的热情，感染身边的每个人，也提高他们的效率。

- 我们相信，一家企业必须与员工分享利润。对待员工要像对待伙伴一样，这样员工也会把企业当成自己的合伙人。

- 要不断地激励员工。所谓激励，仅仅依靠金钱是不够的，我们必须想一些新的有趣的办法来激励员工。比如说设计一些有挑战性的目标。我们鼓励竞争，并且进行评分。

- 我们尽可能地和员工进行交流。员工知道越多，理解越深，他们对工作也就越关心，那么什么困难也不能阻拦他们。

- 公司必须感激员工为公司做的每一件事。我们觉得，不管你是什么国籍、什么背景、什么宗教信仰，当有人赞赏你的工作表现时，你一定会感到非常高兴。我们公司会经常在适当的时机感激员工作出的贡献。

- 提倡庆祝每一次成功，而且要在失败中寻找乐趣。无论什么时候都要充满激情，要在工作中寻找乐趣。

- 管理层必须听取员工的意见。尤其在零售业，零售业是关于人的行业，最了解信息的往往是最基层的员工，也就是我们的店员。所以，听取他们的意见非常重要。

在现代企业中，"以人为本"已成为主流理念，倡导尊重人、理解人、关心人，为优秀人才提供优厚的条件，创造创业发展的良好环境，将成为 21 世纪企业竞争的重要手段。

- ## 企业家

企业家是企业发展的灵魂人物，是企业文化的倡导者和重要影响者。尽管我们不能说企业文化就等同于企业家文化，但企业家的气质和素质在很大程度上影响着企业文化的内涵。

正如熊彼特所说，企业家是资本主义的灵魂，企业家精神的核心就是推动创新。企业家精神作为资本主义发展的动力，不断推翻旧的秩序，建立新的行业和经济秩序。

联想集团董事长柳传志在选择下属企业领军人物的时候，要求必须是"企业家"。他认为企业的领导人、职业经理人并不等同于企业家，企业家是具有特殊气质和素质的人群。在企业发展的过程中，企业家将自身"个人实现"的强烈欲望与企业成功的目标相结合，用对胜利的热情和对挫折的坚韧感染周围的人，通过鼓励创新和冒险带领企业做行业旧秩序的"破坏者"，进而为企业长期发展注入持续的活力。

- ## 社会责任

传统意义上的企业追求的是企业主或大股东自身的成就与赢利。但是随着企业制度和市场体系的逐渐完善，各相关利益方维护自身权益的要求不断高涨，企业逐渐开始关注员工的利益、小股东的利益、消费者的利益，进而是社区利益、国家利益乃至环境利益、生态利益等。这就逐步产生了企业社会责任的理念。这个理念解决了企业自诞生以来就屡屡遭到质疑的"为了谁"的问题，使得企业的生存意义和发展目标更加均衡和多元化。

简而言之，企业社会责任就是不把利润作为唯一的目标，而是兼顾对人和社会的价值关怀，包括对消费者、环境、社会的保护和贡献等。

企业作为具有一定经济能力的微观组织，通过积极承担社会责任，将一部分经济利益让渡给社会，从而缓解生态环境与人类发展的矛盾，缓解社会贫富分化的矛盾，既有利于保持长期稳定发展的良好环境，也能够提高企业品牌在市场上的认可度和美誉度。从较为"功利"的角度来看，企业承担社会责任恰恰是为经营百年老店营造良好的基础和环境，所以也是企业文化中不可或缺的重要一环。

● **品牌**

企业最外层、最接近市场的是品牌形象。它既可以是产品、商标、质量、员工行为等物质形态，也可以是理念、口号、自然联想等虚拟形态。

百年企业都有自己独特的品牌战略和品牌形象，让客户能够持久地记住，并将产品忠诚度与自身的满意度相结合，给客户带来除了使用价值之外的效用和溢价。比如可口可乐和百事可乐，阿迪达斯和耐克，麦当劳和肯德基，戴尔和联想，做的都是相似类型的产品，甚至同时出现在同一地点，但大家不会将它们弄混，这是因为各自已经形成了品牌效应，有着自己鲜明的特性。

国内很多企业虽然也投入了大量人力和物力进行品牌宣传，但因为自身缺乏企业文化积累，所以品牌宣传往往缺乏文化张力，难以为客户带来增值，也无法保持长久的生命力。反过来，不重视品牌效应的企业文化，往往只是企业自己内部"自娱自乐"，而难以将企业文化的效果更好地转化为市场竞争力和经济效益。因此，品牌建设的重点不在于如何宣传和设计，而在于品牌是否得到了企业文化的有力支持，并充分反映了企业的价值观和核心理念。

三 中国式企业文化

● 也说中国人的特质

无论国际化到何种程度，企业始终是深深烙着国家印记的。企业作为一个国家和社会中的微观组织，企业文化也必然受到民族文化的深刻影响。中国是一个历史悠久的文明古国，传统文化内涵丰富，其中既有积极的方面，也有消极的方面。企业以人为各项活动的组织者和参与者，所以要了解企业文化，首先就要看看国人的文化特质。

关于中国人的特质，有不少经典的分析和评论。如美国传教士明恩溥（Arthur Henderson Smith，1845～1932）从一个外国人的角度，用幽默的语言解读《中国人的素质》；林语堂先生在西方文坛的成名作与代表作《中国人》，以中国文化为出发点，对中西文化作了广泛深入的比较；柏杨在美国爱荷华大学演讲《丑陋的中国人》，强烈批判中国人的"脏、乱、吵"、"窝里斗"以及"不能团结"等，并将原因归结到"中国传统文化中有一种滤过性病毒，使我们的子孙受到了感染，到今天都不能痊愈"。凡此种种，对于中国人特质的评论，既有勤劳、节俭、忍耐、仁慈，也有好面子、说谎、猜疑、缺乏公共精神、守旧、消极避世，其中又掺杂着对中国传统文化各种有利和不利影响的点评。

从企业经营的角度，我们注意到最为值得一提的中国人特质包括勤劳、忍耐、超脱老滑、守旧、人治。

一是勤劳。勤劳无疑是世界上最值得推崇和尊敬的美德之一，而中国人的勤劳是自古以来就蔚然成风的，从悬梁刺股的儒生，到面朝黄土背朝天的农民；从手里离不开针线和纺线机的妇女，到衣食无忧的富翁，乃至高高在上的官员和最高统治者皇上，都是如此。正如《中国人的素质》中所描绘的："广州的铜匠，福州的锡匠，宁波的木雕师傅，上海的磨坊伙计，以及北方各省那些梳棉、筛面的工人们，全都是夙兴夜寐"。人们一年四季都在辛勤工作，仿佛中国人从来就不会让自己闲着。作者明恩溥不禁发问："总有一天，白种人和黄种人将展开一场空前激烈的竞争。当那一天不可避免地到来时，失败的将是哪一方呢？"这个问题或许现在还无法回答，但30年来中国的GDP排名不断攀升，最为重要的动力就是中国人比西方人多出的勤劳。

二是忍耐和坚韧。明恩溥说"中国人的耐力素质是举世无双的"。对于中国人来说，忍耐是适应环境的必然结果，因为这块土地上有过于稠密的人口和巨大的经济压力，导致每个人只有狭小的生活空间，劳动获取的报酬也相对微薄。"忍"被很多书法家写出来挂在墙上，民间也有"小不忍则乱大谋"等说法。忍耐是中国人的传统美德之一。不过，正如林语堂所说："这种品质走得太远，以致成了中国人的恶习：中国人已经容忍了许多西方人从来不能容忍的暴政、动荡不安和腐败的统治，他们似乎认为这些也是自然法则的组成部分"。所以忍耐在企业中既有可能成就坚韧不拔的幕后英雄，但有时候也会成为违规行为的温床。

三是超脱老滑。超脱老滑更像是中国人传统的处世哲学，或许也是与西方社会差距最大的特质。这种特质的来源既有受到佛家思想影响的缘故，也有道家"无为"的色彩。一方面，超脱可以使人显得老成、温和、稳重，在处理各种问题的时候更加从容不迫；另一方面却具有消极避世和麻木不仁的倾向，嘲笑一切积极的努力，容易使人失去改革的热情和远大的理想。《中国人的素质》说："在这个原则下，中国的人与人之间的所有裂痕都得以弥补，所有的计划都得以调整，所有的改革方案都被打了折扣，直至有了和平，每人碗中都有了饭吃。"对于企业来说，它既是和谐氛围的黏合剂，也是改革创新的最大障碍。

四是守旧。在中国的传统文化中，创新与冒险精神得到的往往是批判和嘲弄，"崇古"才是主要的基调。古云："天不变，道亦不变"，《庄子·外物》说："夫尊古而卑今，学者之流也。"其中，儒家文化作为中国古代封建统治者推崇的正统和主流思想，更是崇古薄今。"只能我注六经，不能六经注我。"这种崇古薄今的思想表现为对传统的盲目尊崇和对创新的轻视。这主要是因为在以农业为主的传统社会中，特别是在封建集权统治下，人们的生活模式和思想模式必须持久、稳定、不变，才可以保持稳定的发展；反之，可能导致动荡或饥荒，于是逐渐养成了过于谨慎、畏缩和保守的心态和行为方式。这种态度容易妨碍人们开拓创新，也不利于促进市场竞争和对外开放。

五是人治。尽管中国古代历史上出现过法家思想的惊鸿一瞥，而且在秦国取得了一定的成功，但很快随着商鞅之死而消失在历史的尘埃之中。与"法治"相比，人们更习惯"人治"，期待有一个贤人带领。孔子曰："文武之政，布在方策，其人存则其政举，其人亡则其政息。人道敏政，地道敏树，夫政也者，蒲卢也，故为政在人。"虽然各朝各代都曾制定了严峻的法律制度，不少思想家也提出了有闪光点的法律观点和主张，但是有法律并不意味着"法治"。事实上，重人治而轻法治始终是我国古代的重要传统。这是因为中国在 20 世纪之前处于封建社会，缺乏资本主义社会所具有的契约精神，封建君主的权力高于法律，各层官吏也可以用自己的方式来诠释或绕过法律，导致人们没有依赖法律、敬畏法律的精神。相应地，在企业管理和执业行为中往往也缺乏对制度的敬畏和遵守。

需要说明的是，以上种种只是作者从群体性作出的一点思考，并不针对作为个体的人或者单位。

● 具有中国特色的企业文化

如上所述，企业文化是一个国家和社会中的亚文化，因此必然受到民族文化体系的约束。正如日本企业文化背后是"菊与刀"的哲学，美国企业文化背后是"自由和市场"的哲学，中国特色企业文化模式的背后也有着中国古代哲学的影子。

例如，"人情"在大部分中国企业中都比其他国家的企业占据更加重要的位置。西方社会以"法理"为关系纽带，企业文化重视契约关系，而中国人是以"情感"为关系纽带，强调以和为贵。因此，在很多企业特别是国有企业中，"以情动人"与"以理服人"是开展管理的前提与基础，在此基础上才会试图"以法治人"。试图采用严苛制度治理企业的领导者，会被大家视为"不近人情"、"不懂事儿"、"冷血动物"。所以，中国企业在"情"与"法"的平衡中，比西方企业更具掌控能力。但其负面影响也是显而易见的，很多企业的规章制度不健全，或者有章不依、执行不严，使得制度失灵。这也是为什么很多看似科学的现代企业制度，传入中国企业之后会"变味"的原因。

在传统文化中，对"精确"也较为排斥，对语焉不详的"道可道非常道"倍加推崇。这与现代企业经营管理要求的"精准"、"客观"背道而驰。还有中国传统文化的家长制和等级制，使得大部分企业对于家族式、权威式管理更加青睐，期望有一个英雄人物而不是一套科学机制带领整个企业前进。特别是在国有企业中，如果家长制和等级制的影响较深，容易助长独断专行的风格，在对待上级时盲目服从，在选拔人才时论资排辈。而现代企业更加需要的是契约、分权、人尽其才和制度化安排。

最后，中国的企业文化容易变成"千人一面"。本来企业文化应该是有个性的，不同的企业有不同的文化，同一企业在不同发展阶段也会有着不同的文化特征。但是我国企业的文化建设刚刚起步，还在"从无到有"的阶段，对于自身特色挖掘不充分，使得企业文化建设"一拥而上"，在企业使命、愿景、企业精神等方面大同小异，找不到各自的特点，也就无法与市场需求和品牌建设密切结合。这使得很多企业的文化建设空有其表，难以发挥应有的作用。

四　国有企业：文化优势还是文化劣势

● 国有企业的文化建设

国有企业在我国国民经济中发挥着重要作用，是不可忽视的主导力量之一，也是社会主义先进生产力的代表。因此，国有企业的文化建设对于我国社会主流文化的形成和发展，也将产生重要影响，甚至在一定程度上影响着中国特色的社会主义文化建设能否取得良好成果。

今天，在我国的大中型国有企业中，企业文化建设已经融入经营管理活动之中，企业文化建设的重要性已经渗入人心。随着市场化水平的不断提高，以及受到国际经济、政治、文化的影响，我国的国有企业也在努力摆脱旧有计划经济体制的束缚，打造自己的企业文化体系。

但是，客观来看，我国国有企业中真正具有鲜明特色企业文化的并不多。主要原因：一是企业文化建设往往难以纳入考核指标，所以企业领导更加重视规模和利润指标；二是企业文化建设的人才和理论准备不足，容易流于形式，变成简单的口号宣传；三是市场成熟度不

够，尚处于价格、技术、资源的竞争时期，很多国有企业领导无暇也
"不必"思考企业文化建设的问题。

从结构上看，国有企业的文化建设呈现不均衡状态。在经济和规
模实力较强的企业中，由于投入大、人力资源实力强、品牌影响广、
成功案例多，企业文化建设往往更加成功。而大多数国有企业因为经
营水平一般，投入和自身力量有限，无力做太多的企业文化建设工作。
它们的企业文化建设多数处于初级阶段，只是对外宣传的资料和内部
表彰的手段，很难与经营管理真正融合并改善管理效率，导致企业经
营管理和文化建设"两张皮"，互不相关。

从客户和品牌的角度看，很多国有企业由于处在垄断地位，或者
由于计划经济体制的遗留影响，还没有考虑到将品牌管理和客户关系
管理作为企业文化建设的抓手。它们的产品往往"不愁卖"，所以在建
立客户对品牌的忠诚度方面空学了西方企业的一些手段，却没有发自内
心的商业冲动，因此也就没有充分利用市场手段为品牌创造更高的价值。

从管理者的角度看，有的国有企业领导误读了"企业家文化"，将
其简单替换为"老板文化"、"一把手文化"，将整个企业的文化系于
一个人身上。而国有企业不同于民营的家族企业，领导班子一换届，
企业文化就跟着大"变脸"。实际上，企业文化是需要在全体员工行为
的基础上挖掘、整理和提炼的，绝不是任何一个人的风格能够代表的。

● 优劣势之争：横看成岭侧成峰

在一定程度上，国有企业的文化建设存在着天然的短板。这是因
为，尽管今天国有企业的市场化程度已经得到了很大提高，但旧体制
下的资源配置、机构设置、办事方法和习惯仍然需要一个较长的时期
才能从根本上得到改变。比如，重生产和安全，轻视研发和营销；创

新观念和市场意识不足，跟不上信息时代的市场发展趋势；成本观念和效率意识不足，形式主义、运动式的工作内容和工作风格在一些企业中存在；人力资源管理体制与市场脱节，员工职业发展路径不明晰，激励约束机制不健全，导致人才流失，等等。

受到这些因素的制约，国有企业中普遍存在着一些不良的文化现象，如上文提到的缺乏品牌意识、一言堂等，还有"走关系"、办公室政治等。这些积弊如果不除，确实会长期阻塞管理和工作的流程，影响决策的产生和执行，腐蚀企业的生命力和创新力，使管理制度沦为空谈，无谓地增加企业运营成本，耗散人心，消磨员工意志，最终导致企业无法长期存续。这也是为什么人们在社会上每每提到"国有企业"，便与"福利好"、"效率低"、"关系复杂"相挂钩。不过，国有企业文化中的不良因素并非不可改变。随着市场化因素逐渐融入国有企业的"DNA"，以及越来越多接受过现代企业管理培训的国有企业经理人走上领导岗位，一批致力于革除积弊、打造全新企业文化的"新国企"正在逐渐涌现出来。

另一方面，我们也不能对国有企业的文化优势视而不见。例如，有一大批国有企业在国民经济中处于上游垄断地位，得到国家的支持，在设备、环境、技术和人才储备上已经形成了较好的积累，只要企业文化和发展思路对路，很快就能取得竞争优势。其中，大中型国有企业的规章制度建设和内控体系建设相对比较完善，只要能够在制度的执行和更新方面下大力气做好工作，无须重起炉灶就能取得很好的制度建设和风险控制效果。最后，国有企业在核心价值体系方面具有的优势，还在于传统文化资源和我国革命精神资源的深厚积累。在社会主义主流价值观的引导下，能够为企业文化建设提供巨大的精神能量和有力的理论支持。

五　铁板一块或散沙一盘

● 文化致胜

在一项对全球领先的 30 家公司进行的调查研究中，麦肯锡公司发现："世界 500 强胜出其他公司的根本原因，就在于这些公司善于给它们的企业文化注入活力，凭借企业文化力，这些一流公司保持了百年不衰。"实际上，如果单独截取任何一个时期的发展速度，很多同时代的新锐都远远超过百年老店，但"眼看他起朱楼，眼看他宴宾客，眼看他楼塌了"，新锐们来得快去得快，百年老店的生命力却依旧顽强。所以企业发展不能只看一朝一夕的速度，还要看耐力和长久。

以 GE 公司为例，从研发、管理、生产、营销到并购重组，无不渗透着被全公司上下广泛认同并坚决执行的企业文化。例如，诚信被视为企业发展的基础，更是塑造品牌、创造价值、提高公信度的无价之宝。GE 公司的前 CEO 韦尔奇始终强调，无论是完成业务指标、执行上级的命令还是为了客户服务，没有什么东西可以损害员工的行为正当和坚持诚信。当被问到"在 GE 公司你最担心什么，什么使你彻夜难眠"时，他说："令我担心的并不是业务，而是有人在某个环节做出了在法律上非常愚蠢的事情，这些愚蠢的事情带来的污点足可以让一个人、一个家庭和所在公司蒙羞甚至毁于一旦。"继任的 CEO 伊梅尔特也坚持将诚信作为公司三个最重要的优良传统之一（诚信、业绩和变革）。在公司长期一贯的坚持和制度的引导下，诚信已经成为 GE 公司内外沟通合作的基石和员工的基本行为准则。

GE 公司制定并发放《诚信精神与政策》，作为诚信行为准则要求全球员工每人一册，并且必须认真学习和严格遵守。是否遵守和执行这些准则将作为对一个子公司、团队乃至每位员工考核、评价、奖励的重要依据。在员工绩效考核中，业绩突出而且行为符合 GE 公司价值观的员工，将得到肯定、奖励甚至晋升；业绩或价值观中有一个不达标的，将得到直线经理的改进建议并留待下一次考察；而如果业绩不好同时又不符合企业价值观，或者触犯了诚信的红线，那就必须马上离开。

正是由于将企业文化通过考核评价等多种手段真正内化到员工的日常行为中去，GE 公司才始终保持了旺盛的生机和活力，平稳渡过了一次次难关，成为一家名副其实的百年老店。

● 企业文化也"生病"

反观潮起潮落的"新锐"企业中，不乏在一段时期内风生水起的"风云公司"。三鹿集团就是极具代表性的一家企业。作为河北省重要的中外合资企业之一，其控股方是石家庄三鹿有限公司，持股 56%，合资方为新西兰恒天然集团，持股 43%。三鹿在其五年规划中制定了成为"中国发酵乳第一品牌"的目标，要在发酵乳业务赶超伊利、蒙牛。

三鹿的文化建设不可谓不努力，在创业阶段提倡艰苦奋斗、自力更生和奋发图强的拼搏精神、奉献精神。在发展阶段完善了企业标识，提炼企业精神，打造企业品牌，创立名牌产品、名牌企业、名牌人才。在成熟阶段进行企业文化整合与重塑，印发企业形象手册和企业文化手册，出版了《三鹿人成功之路》一书，向广大员工推出一整套文化建设套餐。三鹿作为有着 50 多年历史的行业领导品牌，获得了国家科技进步奖，成为中国航天员中心"航天乳粉"的唯一合作伙伴，并于2008年8月荣获"30年改变中国人生活的中国品牌"称号，成为行业唯一的获奖品牌。如果这时谁放言三鹿将在半年内倒闭，无疑会被视为疯子。

然而就是这样一个明星品牌、明星企业，却迅速倒在了道德的审判席上。2008年9月，三鹿集团生产的婴幼儿奶粉中被查出含有化工原料三聚氰胺，导致中国各地多名服食受污染奶粉的婴儿患上肾结石。但三鹿公司之前对产品存在质量问题的实情进行隐瞒，事件曝光之后震惊整个中国社会。2008年12月24日，三鹿集团被法庭颁令破产。2009年2月12日，石家庄市中级人民法院正式宣布三鹿集团破产。董事长田文华被判无期徒刑，并处罚款2000多万元。

从企业文化的角度看，三鹿集团"重扩张、轻监管"，进而一步步损毁了其诚信的底线。自1993年开始，三鹿奶粉产销量连续15年实现全国第一，在短短几年内，先后与北京、河北、天津、河南、甘肃、广东、江苏、山东、安徽等省市的30多家企业进行控股、合资、合作。2005年与新西兰恒天然集团合资后，三鹿更是加速了在全国的布局。随着企业规模的快速扩张，对奶源的需求猛增，但三鹿为了追求速度而放松了对奶源的建设和管理。为了抢奶源，三鹿所收购原奶的质量要求比其他奶企大大降低。为了扩大产量，收购和委托了一批不合要求的工厂，对奶源的卫生安全管理极其粗放，产品质量无法保证。虽然如此，三鹿集团在问题出现后仍然有机会弥补，但是却一错再错、自欺欺人。三鹿集团从2008年3月份开始，就已经陆续接到了一些患泌尿系统结石病的用户的投诉，不但未及时响应，反而还不断发布不实消息，从一开始的否认到向"不法奶农"推卸责任，再到避重就轻地道歉以及展开所谓的危机公关等，最终彻底失去了市场的信任。

三鹿集团急功近利，忘记了企业基本的诚信责任，一个有着五十多年历史的企业，号称价值 150 亿元人民币的知名品牌，最终悲剧性地倒下，"三鹿"从金字招牌变成了恶名。当企业文化出现问题的时候，无论多么强大的企业，都已经开始悄悄走向崩塌的边缘。

第二章 "道"与"法"：文化与制度的边界

中国几千年历史中，自老庄、韩非以降，"道"与"法"两种哲学思想在中国社会中交替兴起，最终达于和谐平衡。两种思想的精髓也为上至帝王将相、下至胥吏商贾在管理工作中不断揣摩把握，对中国管理思想乃至中国文化影响至深。

"道"即事物发展背后深层次的规律，必须遵从，无法违背，即所谓"天下大势，浩浩荡荡，顺之者昌，逆之者亡"，属宏观层面；"法"即规则、制度、组织形式等用于实际操作实施的方略，属微观层面。纵观企业管理方式的发展变化，也是在"道"与"法"的摸索、碰撞、交融中一步步走来。

一 "道""法"兴替：企业文化理念出世

● "法"之路行至困境

人类自有历史以来，在生存发展的过程中，不断在经济利益、政治利益、自尊、人格和信仰之间进行妥协和博弈。而在这种"软"、

"硬"需求的取舍博弈过程中，常常是人类的"软性"需求不断作出让步，并逼近自己的极限。人为了自己的利益，可以做出牺牲或付出代价。但如果代价达到或超过人类生存底线的时候，人类的理性就会让自己反思这种模式的合理性了。这几乎是人类历史发展的一种螺旋式前进的基本模式。

现代企业管理的很长一段历史都是在追求"法"、强调"法"的道路上疾驰。现代管理理论发端于泰勒科学管理理论的提出，直至第二次世界大战之后的很长一段时间内，在管理理论领域，科学管理思想仍旧占据主流地位。科学管理理论的核心精神是理性和科学，它强调充分的数据分析，它的实质是在科学分析的基础上，以充分理性的制度机制推动生产率的提高。这一思想确实极大的推动了生产力的发展和工业革命的进程。以科学管理原理为基础，企业始终追求工具理性和目标理性。组织目标内涵的设定，基本上是经济的特性。

但是，在另一面，人毕竟不是工具，人所具有的主体性和精神性，又会对这种理论所赋予人的工具性不断进行加压和反弹，因而导致工具理性在管理中的边际效用递减，生产率的提高出现"尽头"。于是人们必然要反思是什么导致了这种效用的递减，是否存在经济之外的非经济因素，思考工具理性极致化发展后必然导致的反弹和回归问题。

第二次世界大战结束后，企业管理实践发生了许多新的变化。随着科学技术的迅猛发展，企业生产条件得到极大改善，脑力劳动比例扩大且逐渐成为决定生产率的主导力量，劳动者的主体意识日益觉醒。同时，由于市场范围的不断扩大以及市场竞争的日益激烈，传统的基于"经济人"假设、强调以严密控制为主的管理方式受到越来越多的挑战。而强调企业中"软"因素的作用，以人为中心的新的管理模式逐渐成形。尤其是日本经济奇迹的启示更使得这种管理模式受到了全世界的瞩目。

● 日本的启示

日本是第二次世界大战的战败国，但在"二战"以后，日本经济却在短短的二三十年时间里迅速崛起，一跃成为世界第二大经济强国。贴着"日本制造"的工业品在 20 世纪七八十年代以迅猛之势影响着全球几乎所有的市场，改变了世界经济竞争的大格局，欧美经济强国感受到了来自日本产品的强大竞争压力。特别是美国，在钢铁生产、造船、电子产品方面被日本赶超并结束了长期的统治地位，但却在一时之间无从发力，国内生产率水平长期徘徊在较低水平，美国企业界一片悲观。那么，日本经济崛起的秘密何在？

美国的一些经济学家和管理学家在深入考察后发现，在日本企业获得成功的多种因素中，排在第一位的既不是企业的规章制度、组织形式，更不是资金、设备和科学技术，而是独特的"组织风土"，即企业文化。日本企业界普遍认为，管理的关键是企业通过对员工的教育和领导者的身体力行，树立起大家共同遵循的信念、目标和价值观，培育出全体员工同心协力共赴目标的"企业精神"。由于这种"企业精神"是管理中的"软"因素，与社会文化有着密切的联系，但又不是整个社会的文化，而仅仅是一个企业的传统风貌的"亚文化"或"微观文化"，因此被称为"企业文化"。在日本企业的影响下，全世界掀起了第一次企业文化热潮。①

---

① 张国梁主编《企业文化管理》，清华大学出版社，2010，第 4 页。

● 美国的反思

面对巨大的竞争压力，借鉴来自日本成功的启示，美国企业界对自身的管理模式进行了反省与经验总结。20世纪70年代后的美国，虽然仍然是世界经济中心之一，但是相对实力下降。日本人的成就使美国人震惊，他们不得不放下架子，开始认真研究和学习日本的企业管理经验，并反思美国企业的成败得失。企业文化研究领域的四本早期经典著作：威廉·大内的《Z理论——美国企业界如何迎接日本的挑战》、理查德·帕斯卡尔和安东尼·阿索斯的《日本企业管理艺术》、特雷斯·迪尔和阿伦·肯尼迪的《企业文化——现代企业的精神支柱》与托马斯·彼得斯和小罗伯斯·沃特曼的《成功之路——美国最佳管理企业的经验》在这一时期问世。美国人通过对日本管理经验的研究，得出了以下几条重要的结论[①]：

第一，美国的生产率和经济发展缓慢，其重要的原因在于美国的管理不重视人的作用，没有关注企业文化的建设。相反，日本的生产率提高和经济发展速度之所以能在资本主义世界中排名第一，恰恰在于日本的管理重视人的作用，把企业文化放在了重要的位置上。

第二，企业价值观是企业文化的核心内容之一，日本的集体主义价值观在企业管理中体现出比美国的个人主义价值观更强劲的驱动力。这是因为生活中一切重要的事情都是由于协力或集体力量做出的。因此，企图把成果归之于个人的功劳或过失都是毫无根据的。

第三，企业文化建设的经验具有普遍意义，日本的管理方法虽然

---

① 张国梁主编《企业文化管理》，清华大学出版社，2010，第5页。

不能照搬照抄，但却可以移植于美国，值得美国学习。如日本本田汽车公司美国分公司除高层管理者来自日本外，其余职工（包括中级管理者和普通工人）都是美国人，且基本来自于美国三大汽车公司。可是，该公司的生产率和产品质量都超过美国同行。《华尔街日报》对该公司的经验作了如下报道："本田公司美国分公司的做法是缩小工人和管理人员在地位上的差别，把工人当做群体中的一分子。每个人，不论是工人还是管理人员，同样都在公司的餐厅就餐，公司也没有为高级职员专设停车场。职工被称为"合伙人"。管理人员和工人一样穿着本田公司的白色制服而非西装革履。"这就是说，本田公司美国分公司的成功，应归功于高层管理者"重视人、尊重人、团结和依靠广大职工群众"的管理思想和管理实践。而这一点，恰恰是优秀企业文化的精髓。可以说，本田公司美国分公司是依靠形成优秀的企业文化而取胜的。

● **实践的发展**

在深入分析日本企业成功的原因后，美国开始全面的企业再造过程，努力打造符合美国企业特点的企业文化。这种企业再造，不仅仅是简单的流程再造，而是行为和理念的彻底改变，是企业文化的重塑。在这个过程中，美国企业形成了属于自己的全新的企业文化。

伴随着美国企业的探索实践过程，美国企业在企业文化形成和管理中的感悟、发现，对未来企业管理模式的思考逐渐形成并丰富，《第五项修炼》、《巨变时代的管理》、《管理的革命》等几本书成为这一时期的代表著作。从这些书中可以感受到美国企业文化的特质，其突出的特点就是变革与创新。美国企业在内部形成这样一种文化氛围：企业应该保持持续的变革与创新，凡是变革的和创新的会得到市场的认可和接受；僵化不变的，拒绝创新的，就要被市场和客户淘汰。变革与创新成为美国企业获取竞争力的制胜法宝。美国企业也开始从1993年之后重获企业竞争力世界第一。

二 "道"法自然：企业文化遵从之道

人类从最初发现自然、认识自然、认识规律、掌握规律、制定规则、挑战自然，到再一次明白在规律面前人类的渺小，懂得要与自然和社会和谐发展，经过了漫长、反复而辛苦的历程。就像德国哲学家康德说到的，"有两种东西，我对他们的思考越是深沉和持久，它们在我心灵中唤起的惊奇和敬畏就会日新月异、不断增长，这就是我头上的星空和心中的道德定律"。这就是人类对"道"的惊奇和敬畏。

个人的选择从来都不是绝对自由的，在一定程度上受"道"的制约。企业也一样，在企业文化方面一定要保持对"道"的敬畏。那么，企业发展背后有哪些必须遵从的规则、规律呢？

● 做企业应该遵循哪些"道"

有专家对此曾有总结，认为企业应该遵循的"道"概括而言包括天道、世道和人道①。

天道，即自然成长发展的规律。一如作物春种秋收，四季轮回，周而复始。企业也是一样，也会有生命周期和自己所处的客观发展阶段，跨越企业成长的基本阶段，即等同于揠苗助长，控制不好发展的

---

① 王慧中：《企业文化地图——未来商战决胜之道》，机械工业出版社，2011，第45～57页。

节律，则会"欲速则不达"。

世道，即社会环境下发展的规律。作为社会中的一个有机组成部分，沟通、合作、共赢是发展应有之义。特别是在经济全球化的进程中，企业只有开放、包容、合作，才能在世界经济价值链中找到自己的优势和位置。

人道：21世纪人们越来越期望有尊严的生活，期望获得公平、公正的待遇。了解和顺应这种人性追求——"以人为本"是管理的基石。

一个组织较之于另一个组织取得成功，当然是由众多因素综合作用的结果，但是核心要素却是组织文化，是以愿景、使命、核心价值观形成的软实力——核心竞争力。

优秀的组织文化，首先要廓清愿景、使命和核心价值观，企业的愿景、使命、核心价值观都要与"道"和谐发展。并且据此指引组织长期发展，健康成长。当然，光有清晰的理念还远远不够，更重要的是对理念的坚守和执行。通过理念对组织制度的全面渗透，经由制度化的途径，使之成为组织成员自觉的思维和行为习惯，形成明显的组织人特征。

● 企业文化运作之"法"

企业文化自身又是如何运转、运行的呢？

企业倡导共同理念，并围绕着共同理念来塑造和完善行为规范和相应结果。企业文化的理念和规范逐渐得到广大成员的真心认可，并内化于心、外化于行，进而发展成为企业的共识，最后企业文化作为全体成员价值观的一部分，影响着企业的经营管理过程。从这个对企业文化生成、作用的粗略描述过程来看，企业文化运作过程的本质可以抽象为价值观对行为的作用。

从以上分析中，可以进一步描述出企业文化的核心运作机制。如果将其视为一个系统，那么它主要是由四个子系统组成[①]。

1. 价值观子系统

企业文化价值观系统，对应于企业文化要素系统中的价值观系统，是企业文化动态视角的运动基点，它影响并决定着过程中其他要素的运行状态。企业文化价值观是企业为追求愿景、实现使命而提炼出来并予以践行的，指导企业上下形成共同行为模式的精神元素。它可以用来指导处理企业与社会以及个人价值准则之间的一系列重要关系，并由此来约束、激励全体成员的行为，特别是核心价值观，它更是企业运行中的价值判断的根本原则，是解决企业在发展中如何处理内外矛盾的核心准则。

2. 行为子系统

价值观对行为有决定作用。价值观的变化常常能直接反映在行为上面。价值观念得到成员认可后，会逐渐被强化形成牢固的认识。这些认识最终会渐渐演变成理所当然的行为，从而表现为成员自然地会在认同的企业价值观念支配下，开展相应的生产经营活动或管理活动。

在明确价值观对行为起决定作用的前提下，还应该同时看到行为的改变不仅需要价值观的指引，还要有一个环境影响和逐渐固化的过程。从这个角度来看，也许可以更好地理解为什么是"知易行难"。这就需要人们对企业文化建设不能抱着一蹴而就的心态，要密切监控价值观影响行为的进程。事实上，价值观对于行为的影响，也是一个持续且有反馈活动的过程。反馈的过程也在不断修正价值观对行为影响的方向和强度。

[①] 陈春花、曹洲涛、曾昊等：《企业文化》，机械工业出版社，2010，第95~97页。

3. 结果子系统

结果系统是在价值观系统统一认识和行为系统规范行动的基础上得以有效开展而取得的。从一些企业文化的成功个案中不难发现，这些成功的企业大都会发展出一套行之有效的工作结构方式、生产管理流程、信息系统等。这些就属于企业文化结果系统中的内容，是企业文化管理获得的成效。那些对企业和成员都显著有效的结果，常常会加强企业和成员对企业文化价值观的信赖，有利于企业开展更深层次的企业文化管理工作，从而形成良性促动。如果按照结果的行为主体分类，可以将结果分为员工行为结果、企业行为结果和外界反响三类。

4. 反馈子系统

企业文化反馈系统是人的意识与观念借助于物的形式作用于企业管理的过程。企业文化反馈系统以企业文化结果为基本依据，对前面各环节（子系统）发生的行动进行评估总结，针对各环节的问题提出优化方案，从而为企业文化下一阶段的价值提升、行动改进做好必要的准备。

反馈系统是把价值观系统、行为系统、结果系统有机地结合为一体的关键系统。它关注的是如何评价各子系统，并从中找到偏差加以修正。它是企业文化动态循环的一个阶段性结点，同时也是下一个循环的起点，起着承上启下的特殊作用。

通过以上介绍，我们可以看到，企业文化系统的生成发展和发挥作用有赖于企业文化的运作机制。企业文化也因此可以看做是一系列子系统的运动过程。它是在企业内外环境的共同作用下逐步形成的。只有在动态中不断地维持和改善企业文化系统中的诸要素及其机制，才能使发展中的企业与变化的环境相适应。

● 企业文化的结构

搞清楚了企业文化运作的机理，我们再来看看它的组成。

由于企业文化既有作为文化现象的内涵又有作为管理手段的内涵，对企业文化结构的认识势必存在差异性。

从文化的角度分析，一般认为企业文化分为三部分：一是精神文化部分；二是制度文化部分；三是物化部分，物化部分有人认为亦可把其分为行为文化和器物文化。从管理的角度分析，一般认为企业文化内容可分为显性内容和隐性内容，其中企业文化的隐性内容是企业文化的根本，它主要包括企业精神、企业哲学、企业价值观、道德规范等。这些内容是企业在长期的生产经营活动中形成的，存在于企业员工的观念中，对企业的生产经营活动有直接的影响。企业文化的显性内容是指企业的精神是以物化产品和精神性行为为表现形式的，能为人们直接感觉到的内容，包括企业设施、企业形象、企业经营之道等。

综合学术界的各种观点，我们可将企业文化的结构分为精神文化、制度文化、行为文化和物质文化四个层面。

1. 精神文化

深层精神文化是现代企业文化的核心层，指企业在生产经营中形成的独具本企业特征的意识形态和文化观念，它包括企业价值观、企业精神和企业伦理等。由于精神文化具有企业的本质特点，故往往由企业在多年的运营过程中逐步形成。

2. 制度文化

制度文化也叫企业文化的制度层，它在企业文化中居中层，是具有本企业文化特色的各种规章制度、道德规范和职工行为准则的总称。是企业为实现自身目标对员工的行为给予一定限制的文化。它具有共性的特点，是强有力的行为规范。

企业制度文化的规范性是一种来自员工自身以外的，带有强制性的约束。它规范着企业的每一个人，企业具体工作规程、员工行为规范、考核奖惩制度都是企业制度文化的内容。

3. 行为文化

企业的行为文化又称为企业文化的行为层，它是指企业员工在生产经营、学习娱乐中产生的活动文化。它包括企业经营、教育宣传、人际关系活动、文娱体育活动中产生的文化现象。以下都是企业行为文化的表现：是否能够按约定完成对客户承诺的工作，自我约束、廉洁守信，对客户服务是否周到热情，上下级之间以及员工之间的关系是否融洽，各个部门能否精诚合作，在工作时间、工作场所人们的脸上洋溢着热情、愉悦、舒畅还是正好相反……它是企业经营作风、精神面貌、人际关系的动态体现，也折射出企业精神和企业的价值观。从人员结构上划分，企业行为又可以分为企业家行为、企业模范人物行为和企业员工行为。

4. 物质文化

企业物质文化，也叫企业文化的物质层，是企业员工创造的产品和各种物质设施等所构成的器物文化。处于外层的物质文化是企业员工的思想、价值观、精神面貌的具体反映，所以尽管它是企业文化的最外层，但它却集中表现了一个现代企业在社会上的外在形象。因此，它是社会对一个企业总体评价的起点。

那么，企业文化各层次之间又是怎样的内在关系呢[①]？

首先，精神层是基础，是企业文化的决定因素，它决定了行为层、

---

① 张国梁主编《企业文化管理》，清华大学出版社，2010，第 22~30 页。

制度层和物质层。精神层一旦形成，就比较稳定。

其次，制度层是精神层与物质层和行为层之间的中介。精神层直接影响制度层，并通过制度层影响物质层和行为层。企业文化通过一系列的规章制度、行为准则来体现企业特有的价值观。在推行或实施这些规章制度和行为准则的过程中，形成独特的物质层，并以特有的价值取向反映在具体行为中。正因为制度层关键的中介作用，很多企业和企业家都非常重视制度层的建设，使它成为本企业的重要特色。

最后，物质层和行为层都是精神层的体现。精神具有隐性的特征，它必须通过一定的表现形式来体现，它的精神活动也必须付诸实践。物质层和行为层以其外在的形式体现了企业文化的水平、规模和内容。企业文化的物质层和行为层还直接影响员工的工作情绪，直接促进企业哲学、价值观念、道德规范的进一步成熟和定型。

企业文化的物质层、制度层、行为层和精神层密不可分，它们相互影响、相互作用，共同构成企业文化的完整体系。其中，企业制度文化是人与物、人与企业运营制度的结合部分，它既是人的意识与观念形成的反映，又是由一定物的形式所构成。制度文化既是适应物质文化的固定形式，又是塑造精神文化的主要机制和载体。企业精神所倡导的一系列行为准则，必须依靠制度的保证去实现，通过制度建设规范企业成员的行为，并使企业精神转化为企业成员的自觉行动。正是由于制度文化这种中介功能，它对企业文化的建设具有重要的作用。

三　"道""法"归一：文化搭台，制度唱戏

按照前面我们对企业文化内在运作机制和内部结构的分析，以及

从制度文化在企业文化各组成部分中的作用看，如果说文化理念是阴、是虚、是软、是"道"，则制度与机制是阳、是实、是硬、是"法"。"孤阴不生，独阳不长"，只有阴阳共济、虚实结合、软硬相支、"道""法"归一，文化才能发挥充分效力。企业文化要落地，一定要建立一整套引导和确保企业倡导的精神在企业和员工中得到贯彻的制度与机制。那么，这条"道""法"归一的道路如何走通呢？

- ## 企业文化与企业制度

企业文化作为企业软实力的核心，已经得到企业界的普遍认同。企业文化的最高境界是让企业的核心价值观内化为员工自己的自觉思维，外化为员工自发的自觉行动。然而，从文化理念到自觉行动并不是自然而然的。企业必须通过制度化这个途径才能实现企业文化、价值观的转化和固化，并贯彻到员工的行为中，形成企业成员的习惯，再从习惯变为员工的自觉行为。因此，制度是价值观落地的重要保障。加强制度文化建设，对于保障企业正常经营、协调各方面的关系、保证团结协作、调动各方面的积极性和创造性、制约各种消极因素和越轨行为都具有重要的意义。

企业的制度文化是由企业的法律形态、组织形态和管理形态构成的外显文化。合理的制度必然会促进正确的企业经营观念和员工价值观念的形成，并使员工形成良好的行为习惯。

另外，我们需要注意到，企业制度与企业制度文化不是同一概念。企业制度是企业为了达到某种目的，维持某种秩序而人为制定的程序化、标准化的行为模式和运行方式，它仅仅归结为企业某些行为规范；而企业制度文化强调的是，在企业生产经营的活动中应建立一种员工自我管理、自我约束的制度机制，使员工的积极性和自觉能动性得以充分发挥。当企业制度的内涵未被员工的心理接受时，其仅仅是管理规范，最多是管理者的"文化"，对员工只是外在的约束，只有当企业制度的内涵被员工内心接受并自觉遵守时，制度才变成一种文化。①

企业文化下制度的建立和设置，既要以企业文化理念为依据，又要起到能保证企业文化落地的作用。要想达到这个效果，就要做到以下两点②：

首先，企业文化要融于工作流程。从某种意义上说，企业文化落地是对企业工作流程的一种优化与再造。要围绕企业文化导向，梳理现有企业工作流程，保留那些与企业文化理念相适应的流程，修正那些与企业文化理念相背离的流程，健全那些没有体现企业文化理念的流程。总之，要使企业生产经营管理中的每一项工作流程都明晰、简洁、规范与高效，并且体现企业文化理念的要求。通过流程的优化与再造，把复杂的事情简单化，让无序的工作规范化，用流程来推动各项工作有效有序地开展，使企业员工一看流程规范就知道自己应该做什么、应该怎么做，在日常的工作和具体的行动中来践行企业文化。

其次，企业文化要融于制度建设。比如在麦当劳，小到洗手有程序，大到管理有手册，这样的制度体系具有稳定性、长期性、全局性和根本性。"橘生淮南则为橘，生于淮北则为枳"，好制度可以让一个坏人变好，坏制度可以让一个好人变坏。对于企业来说，制度建设是规范企业经营行为的重要组成部分，是衡量企业管理水平高低的重要标准。要以企业文化核心理念为指引，及时地建立健全、修订完善有关企业经营与管理方面的规章制度、工作职责、行为准则，使这些制度、职责与准则能够体现企业的价值观和愿景，能够促进企业使命和

① 王慧中：《企业文化地图——未来商战决胜之道》，机械工业出版社，2011，第79页。
② 杨克明：《企业文化落地高效手册》，北京大学出版社，2010，第74~75页。

发展战略等目标的实现，让员工在制度的管理和引导之下，变他律为自律，变约束为习惯，从而保证正面人物与事件不断涌现。

● 制度文化的内容及设计要点

企业制度文化大体包含一般制度、特殊制度和企业风俗三个方面。它们的特点及设计要点各不相同。[①]

1. 一般制度

一般制度是指企业中用于普遍管理的程序化的各种工作制度，以及各种责任制度。这些制度对企业员工的行为起着直接的约束作用，保证整个企业能够分工协作、井然有序地运转。如员工日常行为规范、人力资源管理制度、财务管理制度、风险管理制度、投资管理制度等。一般制度又包括工作制度和责任制度。

（1）工作制度设计

工作制度是对企业内部各工作系统运行方式的管理规定，是确保各项工作有序运行的重要保障。企业的工作制度应该体现行业特点、地区特点和企业自身特点，同时与企业现在的发展阶段相适应。各项工作制度的设计应该互相配套，形成一个完整的制度体系。

例如，微软的时间管理制度又称为"工作任意小时"制度，与传统的朝九晚五相比，微软允许员工自由安排工作时间。这也是微软"家庭式办公"观点的一个表现。微软在大多数情况下没有对工作小时数的设定，这种管理方式靠的是公司对员工的信任、员工对公司所负的责任和每个人对成功的渴望。微软一方面把握住了优秀人才渴望获得认可的心理；另一方面通过为每位员工制定"年度目标"来达到约

---

① 张国梁主编《企业文化管理》，清华大学出版社，2010，第27页。

束员工的作用。假如员工的目标达到了，将得到丰厚的奖励，如果做不到，惩罚也是严厉的，甚至有可能失去工作。所以，在微软每个员工心里都会对自己工作的把握绷着一根弦。微软的"工作任意小时"使员工在状态最佳的时候工作，提高了工作效率。

（2）责任制度设计

责任制度是指企业内部各级组织、各类工作人员的权利和责任制度，其目的是使每名员工、每个部门都有明确的分工和职责，使这个企业能够分工协作、井然有序、高效运转。包括领导干部责任制、各职能机构和人员的责任制和员工的岗位责任制等。责任制度的设计应注意正确处理权责利关系，把企业的目标体系层层分解，落实到部门和岗位上的个人，并以此为考核的依据，与其奖惩挂钩，这样才能调动员工的积极性和主动性。

2. 特殊制度

特殊制度指企业的非程序化制度，如总结表彰会制度、员工评议制度、企业成立周年庆典制度等。与工作制度、责任制度相比，特殊制度更能体现企业文化的精神层要素。特殊制度的设计有利于塑造鲜明的、与众不同的企业形象。

比如一些国有企业设计了干部"六必访"制度，即企业领导和各级管理人员在员工生日、结婚、生子、生病、退休、死亡时要访问员工家庭。"六必访"制度体现了以人为本的管理思想，是感情激励的一个重要组成部分，是员工之间真诚关心、团结友爱的表现，对增强企业凝聚力有着十分巨大的作用。

3. 企业风俗

企业风俗主要指企业长期相沿、约定俗成的典礼、仪式、行为习惯、节日、活动等。如定期举行文体比赛等。与一般制度、特殊制度不同，企业风俗不是表现为准确的文字条目行式，也不需要强制执行，而是完全依靠习惯、偏好的势力维持。它可以自然形成，也可人为开发，一种活动、一种习俗一但被全体员工所共同接受并沿袭下来，就成为企业风俗中的一种。

设计培训新的企业风俗需要体现企业文化的精神内涵。企业风俗的设计还需要与企业的发展特点和企业的经济实力相结合。但是，企业风俗如果太多太滥，反而会使得员工把注意力集中到企业风俗的外在形式，以致忽视和冲淡了企业风俗深层次内涵的影响。

了解了企业制度的不同类别和制度设计的基本方向，如果要进一步实现企业制度设计与企业文化理念的契合，则应该从以下角度入手：

（1）公司明确提出将企业文化理念作为企业制度制定的指导思想，同时在制度的执行过程中，高度体现企业文化理念，将理念的精神落到实处。

（2）依据已确认的企业文化理念和行为准则，检查企业现行制度中有没有与文化理念相违背的内容，强化与企业文化相融合的制度，修正或废弃与企业文化不相容的制度。

（3）以企业文化理念为基准，对企业制度进行经常性的检查，以适应变化和提升了的理念。通过组织和管理手段，防止刚性的制度对文化的侵蚀。

（4）通过必要条件，将企业文化理念的贯彻执行制度化。

● 你的企业制度符合企业文化吗？

每一个企业都有其独具特色的企业文化，但评价一个企业的文化如果不探讨这个企业的制度建设，只能是一种空洞的、不真实的主观猜想。制度对于企业的意义在于它建立了一个使管理者意愿得以贯彻的有力支撑，在得到员工认可的前提下，在约束和规范员工行为的同时，使企业内部矛盾由人与人之间转化为人与制度之间，并最大程度地弱化，逐渐形成有自己特色的企业文化。

但是制度化管理要更好地体现企业文化建设成为企业文化的良好支撑工具，也不是无条件的、自然而成的。这就是现实生活中企业制度众多，而有影响的企业文化却并不多的缘故。制度化管理在这里有个前提条件，那就是"得到员工认可"。任何人都千万不要将这个条件简单化，因为它正是从制度化管理上升到企业文化的重要一步，而通向这一步的核心就是把握制度文化的效力点所在的问题，也就是把握企业文化的"道"与制度化管理的"法"。如何把握这个问题，实际上是一种基本的人性和人情观的问题，因为制度的最终效力在于人的认同，也就是"员工的认可"，制度文化的效力点不在别处，而在人的心灵，所以把握企业文化的"道"和制度化管理的"法"，必须从以下四个方面入手。

1. 各种制度应从企业根本性需求出发与企业最本质目标相联系

制度文化建设是企业文化的骨架部分，任何一个企业离开了制度就会成为一盘散沙。但制度又反映一个企业的基本观念，反映企业对社会、对人的基本态度，因而制度又不是随心所欲不受任何制约的。制度必须从企业的根本性需求出发，是对企业根本性需求的维护。如事关企业生存的各种问题，包括产品质量、安全、相关方关系等，必须以制度加以明确规范。制度必须体现对人有高度的约束和规范，但又充分地信任人和尊重人，这就要求制度的产生必须是立足于需要之上的，立足于需要之上的制度即使再严格也是被人乐于接受的。

2. 制度应使各直接参与者的利益得到平衡并产生互相制约的作用

制度作为公正的体现不但要求其形式是公正的，更要求其内容是公正的，要使制度约束下各直接参与者的利益得到平衡，体现权利与义务的对称。制度在其形式上是对人的利益的制约。既然是制约，相对人来说就有一定的心理承受限度，决定这种承受限度的是制度的公正、公平性。同时，制度制约下的每一个成员既是受约束者，又是监督者，如果制度的内容是不公正的，就不能得到全员的认可。

3. 制度出台的程序应公正和规范

制度管理如果没有一个公正的出台程序就有可能陷入强权管理的范畴。而强权发展到一定程度，往往会产生"指鹿为马"的结果，这就提出了制度创设程序的重要意义。制度文化客观上排斥强权，主观上却又无时无刻不在倚重强权、彰显强权。在当代企业制度建设中渗入强权成分的情况屡见不鲜，试想，朝令夕改、出口成规的情况，在多少企业真正得到了彻底根除？而且管理越不规范，这种情况就越严重，就越是与企业文化建设背道而驰。

4. 制度的执行要严格平等

制度执行的最好效果就是在无歧视原则下产生的普遍的认同心理，这也正是制度执行中的难点问题。因为每个人在企业中所处的地位不同，制度的监督执行部门在企业中所处的地位不同，在执行制度时很难做到完全公正和无歧视性，如此往往会影响制度的效果，危及制度的最终目标，这就需要企业高层领导的积极参与和强有力的支持推动，定期组织制度落实督导检查，确保制度在不同层面上得到有效落实。

制度化管理体现在企业文化建设中的"柔"和"刚"并不是对立的，关键是从制度的制定到执行整个过程是否真正体现出了公正的内涵，是否体现了企业的根本需求。如果达到了这个要求，那么制度化管理就奠定了企业文化的核心内容，成为推动企业发展的强大动力。

第三章 风险文化：企业生命的第一道关口

金融期货之父梅拉梅德说："谁也没有能够预知未来的水晶球。在我们混乱的系统中，唯一确定的就是不确定性。"可见，风险是一种可能性，如何及时掌握这种可能性，并主导其发展，正是企业风险管理的主旨所在。风险管理的"中国模式"以及产融集团的风险控制成为风险管理的新课题。学会与风险共舞，培育良好的风险文化，并在风险中取得回报，是每一个企业必须面对和解决的问题。

一　成也萧何，败也萧何：风险是什么

● 风险的危害：巴林银行倒掉给全世界的警示

1999年年底的一天，伦敦市郊，在一家仅能容纳150人左右的小电影院里，一部名为《我如何弄垮巴林银行》的电影在此上映。电影院的经营者彼得·诺里斯，这位原巴林投资银行的首席执行官，在电影散场时与尼克·李森——弄垮巴林银行的肇事者不期而遇。两个人的命运发生联系要追溯到1995年的巴林银行新加坡分行。

尼克·李森是巴林银行新加坡分行的负责人，曾任巴林银行驻新加坡巴林期货公司总经理、首席交易员。在日经 225 期货合约市场上，他被誉为"不可战胜的李森"。然而，正是这位年仅 28 岁曾经以稳健、大胆著称的国际金融界"天才交易员"，在未经授权的情况下，以银行的名义认购了价值 70 亿美元的日本股票指数期货，并以买空的做法在日本期货市场买进了价值 200 亿美元的短期利率债券。如果这几笔交易成功，李森将会从中获得巨大的收益。然而，阪神地震后，日本债券市场一直下跌的现实击碎了李森的发财梦。据不完全统计，巴林银行因这笔交易损失了 10 多亿美元，这一数字已经超过了该行当时 8.6 亿美元的总价值。1995 年 2 月 27 日，英国中央银行宣布，巴林银行因经营失误而倒闭。消息传出，亚洲、欧洲和美洲地区的金融界引起一连串强烈的波动。东京股市英镑兑马克的汇率跌至近两年的最低点，伦敦股市出现暴跌，纽约道·琼斯指数也下降了 29 个百分点。

一个小小的操作员如何能够将成立于 1763 年，历史显赫的英国老牌贵族银行带上死亡之路？李森如何能在未授权的情况下如此轻而易举地完成交易？要找到这个答案，不得不从银行的内控说起。为方便纠正交易中的错误，期货交易员一般会开设一个特殊账户，用以暂时存放那些错误的交易，等待适合的行情出现时再挽回损失。但是，特殊账户在尼克·李森的手中改变了用途，他把自己失败的交易记入其中，用以掩盖损失。为了赚回赔掉的钱，尼克·李森的赌局越开越大，以至于到了无法收拾的境地。当然，工作职责安排的不合理，也帮了李森的大忙。李森在巴林银行同时兼任交易与清算部门的工作。如果李森只负责清算部门，他便没有机会为其他交易员的失误行为瞒天过海，也就不会造成最后不可收拾的局面。时任巴林投资银行首席执行官的彼得·诺里斯因此引咎辞职。彼得·诺里斯说："是李森毁掉了巴林银行吗？当然是。正是由于他的罪行，导致了巴林银行的崩溃。他长期以来进行欺诈，对电脑会计系统做了手脚，许多员工都被卷了进去，最终导致了巴林银行的倒闭。我认为可以从中吸取很多教训，最基本的一条就是不要想当然地认为所有的员工都是正直、诚实的，这就是人类本性的可悲之处。多年来，巴林银行一直认为雇佣的员工都是值得信赖的，都信奉巴林银行的企业文化，都将公司的利益时刻放在心中。而在李森的事件中，我们发现他在巴林银行服务期间一直是不诚实的。所有金融机构的管理层都应该从李森事件中吸取教训，意识到用人的风险所在。巴林银行存在着内部管理机制的诸多不足，一直没有及时发现李森的犯罪行为，而当发现时却为时已晚。所以，我认为教训是，应该随时保持极高的警惕性。"彼得·诺里斯的话一针见血地指出了企业文化在风险管理中的重要性，企业文化是潜移默化到员工日常行为中的，如果这一点没有得到很好的贯彻，那么，无处不在的企业风险将随时会使企业招致灭顶之灾。

● 风险与收益并存：风险投资的故事

风险，给企业带来的不仅只有损失和失败。

风险投资，对于今天的中国投资市场来说已经不再是个陌生的名词。自 19 世纪 50 年代，美国政府成立小企业管理委员会，开启了对创新企业投资的先河。后来，银行、保险公司以及有钱的投资人，开始对新兴行业表示出浓厚的兴趣。由于初创的企业发展尚未成型，很多创业投资企业涉足新兴领域，企业发展存在较大的不确定性，投资这样的企业必将与风险随行。风险投资即成为这一类投资的特定名称，即在创业企业发展初期投入风险资本，待其发育相对成熟后，通过市场退出机制将所投入的资本由股权形态转化为资金形态，以收回投资，从而取得高额风险收益的一种投资形式①。风险投资的兴起为创业企业提供了资金支持，也为风险投资人提供了获得高额回报的平台。今天的中国市场已经成为国际风险投资人追逐的乐园。无论是IDG集团投资携程网，还是深圳创新投资集团投资朗讯科技，外表看来发展前景充满不确定性的企业给予风险投资人是几倍甚至十几倍的回报。

因此，高风险与高收益的博弈成为投资领域永恒的课题。

● 风险意味着什么：损失还是收益？

我们从巴林银行看到了风险带来的巨大损失，也从 IDG 集团看到了风险带来的高额回报，那么，风险对我们意味着什么？要看懂风险，回顾一下这一概念的最初起源是有意义的：它源于早期欧洲水手在海上的冒险经历，除了有不利和危险的含义，还包括浓厚的"机会及回报"的意味。因此，风险如同一个硬币的两面，一面是危险，另一面是机会，危险与机会并存，损失和收益都是可能的结果。

随着我国企业市场化程度的提高，关于风险的理论研究也日益成熟，对风险的认识也趋于清晰。一般看来，在特定客观情况下，某一事件的预期结果与实际结果间的变动程度，或发生某种不利事件或损失的各种可能情况的总和，包括发生损失的可能性、必然性、变动性、不确定性等，称之为风险。从企业经营的角度看，风险是指企业在生产经营过程中，由于不确定因素和经营失误的影响而遭受损失的程度与可能性。

---

① 方少华：《中国式风险投资》，企业管理出版社，2010，第 2～3 页。

二 与狼共舞：看中外风险管理

● 因势利导，美国金融风险化解的良药

风险与收益并存，高收益的行业往往存在高风险，这一点在金融领域不断得到验证。

20 世纪 30 年代以前，美国的证券、保险和信托等非银行金融业务还不发达，银行业在金融该体系中扮演主要角色，商业银行业务和投资银行业务均由同一金融机构提供，较少有对金融业务的限制，普遍采用混业经营的模式进行经营。然后，很多人认为，这种合二为一的混业经营模式，成为 20 世纪 30 年代美国严重经济危机的罪魁祸首，由于金融业务无序竞争，导致证券市场崩溃，大量银行倒闭。1933 年，美国国会通过了《格拉斯—斯蒂格尔法》，在商业银行和投资银行之间建立"防火墙"，成为现代金融业分业经营的标志。然而，《格拉斯—斯蒂格尔法》对金融业务的严格规定，一定程度上限制了金融业的发展。20 世纪 50 年代后，美国的银行业和证券业开始通过金融产品创新和组织机构创新回避该法的监管。随着金融全球化竞争的加剧，分业经营的金融机构之间联系较差，不利于增强国际竞争力。因此，美国金融业积极响应改革的需要，于 1999 年 11 月 4 日通过了《金融服务现代化法案》，允许通过成立金融控股公司，实现银行、证券、保险的联合经营。

可见，在金融业较为发达的美国，面对各个发展时期金融业竞争以及业务创新所带来的行业风险，美国没有采取遏制和回避的态度，而是顺应发展要求，积极进行金融改革，将金融创新纳入监管体系内，对风险进行管理和监控，从而促进了金融业的发展。

● **中海油告诉世界，中国企业不惧风险**

相对发达市场而言，中国企业的风险管理起步较晚，中国企业在了解风险、管理风险和战胜风险的过程中不断成长，风险文化日益形成。

1979 年早春，邓小平在繁忙的美国之行中，专程前往有"石油之洲"美誉的得克萨斯，如果说此行向西方传递了一个信号的话，4 年后他与阿科公司董事长安德森的历史性握手则向全世界宣示了中国所作出的一个大胆又富有挑战性的决定：中国海洋石油工业对外开放！有人总结说，"这是落后与先进的一场勇敢而持久的对话，这是一场波澜壮阔的封闭与开放的互动。"当大量美元抛向浩瀚大海，谁也没有把握，如何才能保证我国利益的实现，刚刚起步的中国海洋石油工业将要面临什么样的政治、政策、法律等数不清的风险？1982 年 2 月，中国海洋石油总公司在北京东长安街 31 号成立。承担着国家对外开放特殊使命的中国海洋石油，既充满激情，又小心翼翼。在刚从"文革"中走出的中国，国家海洋石油工业刚刚起步，风险与希望并行，稍有不慎，也许就会被扣上"卖国主义"的帽子，风险意识成为中海油与生俱来的"本能"。在与国外的合作者"小心翼翼"的合作过程中，中国海洋石油不断学习，通过制定《中国对外合作开采海洋石油资源条例》、出台《标准合同》，坚持国家利益和与国际接轨的标准，既尊重了国际合作的惯例，又维护了国家利益。同时，利用外国投资者提供的大量资金，学习先进管理经验和技术，分散勘探风险，实现上下游一体化的发展，提高了经济效益和抗风险的能力。经过 20 多年的努力，中国海洋石油公司已成长为国家三大石油公司之一，不仅实现了自我价值，也有力地推动了中国海洋石油工业的发展。

中海油成功的经验证明，任何企业的经营，风险与收益并存，只有加强对风险的预期和管理，才能实现收益。

● 政府的声音：风险管理是重中之重

风险管理日益成为政府关注的重点。

近年来，随着市场竞争的层次越来越高，强度越来越大，企业经营管理中不确定的风险越来越多，国有企业的市场化改革步伐滞后和基础管理薄弱的问题更加突出，而高速发展往往忽视风险文化。一些企业盲目扩张甚至过度负债投资，一些企业进行非主业和高风险领域投资，一些企业应招标不招标，物资采购不走程序，基础管理不扎实，一些企业成本管理薄弱等问题仍然比较严重。特别是大型国有企业的迅速扩张也带来了巨大的风险。2006 年 6 月，国务院国资委发布了《中央企业全面风险管理指引》；2008 年 5 月，财政部联合了 5 大部委发布了《企业内部控制基本规范》，一部分中央企业启动了全面风险管理工作，出现了参差不齐的状况；2009 年 9 月，中纪委召开了推进省属国有企业风险管理会议，将中国企业风险管理推向一个高峰。2010 年 3 月 2 日，国务院国资委印发《中央企业 2010 年效能监察工作指导意见》，指出中央企业结构调整的任务越来越紧迫，资产变动越来越频繁，违规决策造成国有资产流失的风险加大。为此，国资委要求各中央企业要充分认识当前的形势和任务，紧紧抓住企业经营管理的主要风险点，找准效能监察工作的重点，扎实而深入地开展效能监察，促进企业建立和健全内控机制，有效防范风险。

越来越多的声音从政府监管部门传递出来，国有企业的风险管理工作日益成为规范国有企业管理、确保国有资产保值增值的重中之重。

三　国有企业的中国式风险

● 产权制度缺位下的特殊风险

著名经济学家陈清泰曾论述说："明晰的产权是追求长期利益的动力，只有追求长期利益的人才会讲求信誉；只有产权明晰、所有者到位，才有为追求长期利益而恪守信誉，为维护自己的权益而惩罚对方欺骗行为的机制。"国有企业的产权所有者是国家，国家通过经营代表对国有资产进行经营管理，由于国家无法直接行使国有资产的经营权，因此，对国有企业而言，经营决策风险成为企业的最大风险。

国家通过法人治理结构对国有企业的经营管理行为进行监督，但困扰我国国有企业多年的问题正在于此，至今大多国有企业的法人治理结构仍然停留在形式上，尚未真正建立完善、有效的法人治理结构。如董事会、监事会并没有发挥应有的职能，股东、董事会、总经理、监事会没有形成相互制衡和合理分工的机制，特别是对企业领导人的监督机制缺失等仍然存在，导致企业经营管理过程中的信息不对称，国家对国有企业的管理监督不到位。因此，企业经营者的决策成为国有企业存在的最大风险隐患，为国有资产的流失打开了方便之门。

曾有过辉煌历史的金信信托用近十年的时间，从一个偏居一隅的地方信托公司逐步成长为全国闻名遐迩的信托公司。然而，大量违规操作和风险内控的形同虚设，最终将金信信托送上了绝路。

剖析金信信托出现的违规行为，其根源在于公司治理结构没有发挥应有的作用。表面上看，金信信托的法人治理结构是齐备的，股东大会、董事会、公司党委等一应俱全，但事实上形同虚设。据金信信托员工反映，金信信托大量挪用信托资金用于股市，都是由公司高管个人发出指令、由虚设的平台公司操作，均缺乏正常的审批手续和记录；原董事长葛政在金信信托基本上就是"一言堂"，董事会、公司党委等均未发挥应有的制约或监督作用。

● 激励约束机制不到位增加风险隐患

在我国，经历体制改革后的国有企业，兴衰成败往往取决于企业的"一把手"，一个企业的生命周期往往以从企业"一把手"上任后到任期结束为计算标准。在我国党政企实行任期制的制度框架下，"一把手"的任期对于把企业塑造成基业长青来说显得过于短暂。在国有企业，由于企业家并不是企业资产的所有者，他仅仅对任期内的业绩负责，再加上激励约束机制不完善，对企业家缺乏长期激励措施，企业缺乏风险评估考核、风险管理奖惩制度和风险损失责任追究机制等。容易造成企业高管层的风险管理意识及风险管理责任弱化，不看重长期利益，经营决策和管理行为短期化，盲目追逐短期利益，就为企业的长期发展埋下风险隐患。

四　风险管理的"中国模式"

● 政治控制经济的中国式风险管理

"中国模式"是个特殊名词，有人总结中国模式的含义是指在高度集权、高度垄断、高度非自由的政治框架下而采取分权的、竞争的、自由的经济发展模式。中国模式下的企业管理也成为专家学者们热议的话题。就国有企业的风险管理来讲，2009 年 11 月 16 日，国际标准组织发布了 ISO31000（2009），尽管该国际标准对中国企业风险管理的实践指导有着重要的作用，然而，对企业风险管理的"中国模式"的研究却是相对欠缺的。

我国国有企业既有追求盈利的经济功能；也有促进地区经济平衡发展，实现经济合理布局等社会功能；还有控制国民经济命脉及其他重要领域，保障国家经济、政治、军事安全以及政府其他重要政策目标的政治功能。国有企业的特性决定了对国有企业管理目标以及管理模式的顶层设计不同于其他一般企业，其风险管理的要求和风险管理目标也存在较大差异，从而也决定了风险管理模式和风险管理运行方式的不同，尤其是风险管理顶层设计有很大的不同。国有企业风险管理的顶层设计框架不仅涵盖了政府部门（如国资委、发改委等）的监管体制，也涵盖了党的部门（如中组部、中纪委等）的监管体制，企业风险管理也就具备了政治控制经济的中国模式。

从国有企业风险管理的运行机制来看，国有企业所具有的风险管理水平既是由中央企业的半官半商性质决定的，也是由中国企业当前低水平的管理模式决定的。风险管理的运行机制也与风险管理的组织结构密切相关，多数情况下，中国国有企业的风险管理组织结构是在现有企业组织框架里的一些特殊结构中嵌入了风险管理部门而形成了独特的党政一体的中国风险管理模式。这种模式容易对企业风险管理形成模糊的认识，往往因为过于强调政治因素而忽视了对企业风险管理意识的强化，风险管理技术很难形成，企业风险管理的目标也就无从实现。因此，国有企业风险管理的"中国模式"尚需认真研究和完善。

● **提高风险管理意识**

风险源于理念，也止于理念。风险无处不在，风险无时不有。正确的风险理念，要将企业的经营管理活动放到不确定的框架内去考量，强调企业内外部环境的不确定性。随着市场竞争的加剧，企业面临的内外部环境不断发生着变化，并且这种变化日益复杂和快速，因此，不确定性将成为企业发展的常态。正视和承认这个现实，并采取行动，企业才能不断发展。由于风险管理意识不强，有些企业从客观上难以识别企业存有哪些风险，有些企业即便能对其面临的经营风险进行有效识别，但却很可能难以找到有效的风险监控手段，在风险发生时企业尚未制定风险控制预案，从而导致企业风险陡增，企业面临严重经营危机。

曾经在资本市场上红极一时的南方证券，曾两度被美国权威杂志《机构投资者》评选为中国最具有前途的十家机构投资者之一，在同行业经营实力、经营业绩和主要业务指标排行榜中曾多次获得第一。然而，正是在资本市场上创造一个又一个经典案例的南方证券，在2004年新年的第二天，却逃脱不了行政接管的命运。南方证券十年沉疴，一朝梦断，留下的是逾百亿的债务。自公司初创之时就没有形成风险文化，缺乏对风险管理和控制的认识，形成了从观念到行为都没有约束的经营环境和经营风格。南方证券内部决策程序没有一定之规，授权不清，缺乏互相制约，形成暗箱操作，考核体系片面追求利润指标，忽视风险管理，种种问题造成了风险管理的缺位和失效，成为断送南方证券的根源所在。

因此，风险理念是企业价值观的重要组成部分，是风险文化的灵魂。树立正确的风险管理理念成为企业风险管理的重要基础。企业发展不确定性的风险理念代表了企业的管理者对市场经济和企业经营的全新认识。风险是企业价值的来源；不是要预言未来，而是要为未来做好准备。

● 掌握风险管理方法

风险管理是一种方法和技术的结合，是企业实现风险控制和规避的手段和策略。全面风险管理在国有企业中才刚刚起步，国有企业还普遍存在风险管理职能缺失的问题，其根本原因在于很多企业没有把风险管理列入企业发展规划，也没有进入董事会决策层，企业内部缺乏管控风险的有效组织架构和流程安排，未形成一套完整的风险识别、风险评估、风险预警和风险控制的工作制度。由于风险管理职能缺失，当企业真正面临风险时，企业将难以找到科学有效的方法，避免风险发生。

全面风险管理应当从企业的战略目标、经营目标出发，辨识和判断企业所面临的风险，进而采取相应的手段和措施来系统管理各种风险。通过统一风险语言，形成对风险的统一认识，提升企业沟通的效率和效果，将风险管理技术贯穿于企业经营管理的各个环节。

● 倡导以人为本的风险文化

英国巴林银行原投资银行首席执行官的话将巴林银行风险事件最根本的原因归结为人的因素，他认为风险的产生往往是因为企业文化未在员工身上发挥作用的缘故。人是文化的主体和承载者。人既是文化的创造者，又是文化的操作者、占有者、享用者。风险的不确定性，最大的根源是人的局限性。一方面，人的认知能力的有限性，产生了风险状态中的主观不确定；另一方面，人的道德价值取向的私利性，导致了风险管理目标偏离。因此，企业风险管理文化体系的建构，首先是针对企业员工的文化宣导和风险知识培训。通过不断强化对风险认识的文化导向，逐步形成全体员工统一的风险理念和价值标准，并通过各种途径将风险管理理念传递给每一个员工，渗透到所有部门和岗位的各项业务过程及每一个工作环节中，内化为员工的职业态度和工作习惯，才能真正为企业风险管理提供最根本的保障。

五　集团风险：风险管理的新课题

● 产融结合集团模式方兴未艾

2012 年 8 月 30 日，A 股首家金控公司高调登陆资本市场。这家可谓"前所未有"的公司就是 5 年前暂停上市的 S＊ST 北亚，恢复上市之后，它以"中航投资"的身份在资本市场上开始书写全新的故事。这是央企谋求金融全牌照布局的又一次尝试。中航集团的金控之路始于 1993 年。至 2011 年年底，中航集团集齐了证券、期货、信托、租赁、财务公司、保险以及银行等金融牌照，借助中航投资基本完成了金融全牌照布局。中航集团副总经理吴献东明确表示，希望将中航投资打造成一流的金控公司，使金融产业成为中航集团经济增长的着力点、盈利模式的增长点。

作为先行者之一，中航集团多年来在金融业的排兵布阵，勾勒出央企跨界金融的典型路径。在多元化发展战略的鼓舞下，央企大军此起彼伏，直线或曲线构建着"金控帝国"。国家电网、中石油、宝钢集团、五矿集团、中粮集团等央企都早已在集团内部悄然搭建起"金控"架构，通过参股、收购等方式不断在金融领域开疆拓土。如中石油下辖的"昆仑系"，旗下包括中油财务、昆仑银行、昆仑信托、昆仑金融租赁、中意人寿、中意财险等机构，几乎拥有全金融牌照。而国家电网旗下的"英大系"也涵盖了财务、财险、寿险、信托、基金、证券、银行、期货、租赁等诸多金融牌照。据不完全统计，国资委现在管理的 117 家央企，其中有 90 多家在不同程度上涉足金融业，占比为 76%。非金融央企实际已经控制了 24 家信托公司、20 家证券公司、14 家财产保险公司以及 23 家寿险公司，分别占到受调查该种类金融机构的 46.2%、41.0%、37.0% 以及 53.1%。产业集团不断涉足金融业的冲动，源于金融业高回报的诱惑以及资本运作在产业中所发挥出的重要作用。根据银监会发布的资料，2011 年中国银行业金融机构实现税后利润 1.25 万亿元，同比增长 39.3%，资本利润率达到 19.2%。保险业和证券业虽然没有高增长，但平均净资产收益率仍有 10% 左右。相比之下，央企的利润率长期保持低位运行。今年上半年中央企业累计实现净利润 3870 亿元人民币，同比下降 16.4%。其利润率不足 4%。由此不难理解，掌握丰厚资金的产业集团在金融领域跑马圈地也就成为顺理成章之举。

● 集团风险的多米诺骨牌效应

产融结合的模式给集团企业带来高额收益的同时，也蕴藏着巨大风险。对于这一点，不是所有的集团企业都已做好充分的准备。如果说 2004 年以前的德隆集团创造了中国产融整合的典范，那么 2004 年 4 月 14 日无疑是德隆神话破灭的日子。德隆系旗下的三驾马车——湘火炬、新疆屯河和合金投资第一次集体跌停。接下来德隆王朝中的子系统或关联系统之间出现裂痕，矛盾接连暴露，使德隆产业链开始瓦解。当我们再次翻开德隆从原始积累到完成惊险跳跃，再到实现德隆王朝的历史，不难看出，德隆的覆灭是集团内的系统风险积累到一定程度的必然结果。

1997 年唐氏兄弟在新疆成立德隆投资公司，德隆董事局主席唐万里将"德隆模式"最核心的思想概括为：首先对行业进行研究，确定目标企业；然后通过兼并收购或结成战略联盟的方式形成产业的经营平台，在这个平台上进行产业整合，拓宽业务规模和范围，取得行业领先地位；最后获取国际终端市场，提升企业整体价值。为此，德隆打造了一个产业与金融紧密结合的庞大产业王朝：一方面，德隆斥巨资收购了数百家公司，所属行业含番茄酱、水泥、汽车零配件、电动工具、重型卡车、种子、矿业等；另一方面，德隆将金新信托、厦门联合信托、德恒证券、新疆金融租赁、新世纪金融租赁等纳入麾下。也正是凭借着这一精心构建的产业链，德隆在中国资本市场上南征北战，不断地制造着一个又一个产业并购的故事。在这粗糙收购加上不计成本的扩张背后，长期资金紧张成为德隆的顽症。由于长远发展的资金储备严重缺乏，德隆只是通过旗下的金融机构协调整个集团内部资金的运作，并在关联公司之间进行控制权交易，同时将资产、股权、信用等做抵押大量增加银行的借贷，甚至通过持有商业银行的股权获得庞大的资金流动，或通过短期融资用以支撑长期投资项目的不同阶段开发。这种模式构建了德隆系企业之间存在盘根错节的复杂关系，随着德隆在资本市场上神话的破灭，德隆集团的资金链断裂，整个德隆集团也土崩瓦解。

从德隆王朝的崩溃我们可以看到，金融作为重要的资本运营工具，在产融集团中纵然发挥着重要的作用，但金融工具的运用是一把双刃剑，既可以给集团带来效益，更会成为集团内系统性风险的导火索。产融集团的风险不仅包括传统的银行、保险、证券领域自身的风险，更值得关注的是因不同业务交叉以及复杂的管理结构所导致的系统性风险。这类风险的起因，一方面是因业务种类差异所导致的管理风险。由于金融业务和产业跨度较大，随着精细化分工和专业化程度的深入，不同板块和子行业之间存在较大差异。管理者必须熟悉各种业务，更重要的是懂得不同业务之间协调和配合的技巧，不仅应当清楚产融协同所带来的好处，更应当明白关联交易的边界以及产融协同的底线。另一方面则是集团内企业间的风险传递。产融结合的优势在于整合金融业和产业资源，通过金融工具的运用和资本运作，放大产业收益的效应。这种效应的发挥主要依靠关联交易完成。利益在集团内不同企业传递的同时，风险也如影随形。一个企业资金紧张，往往影响到预知发生业务联系的其他企业。当集团内企业此类风险过于聚集的时候，一旦因外部原因导致资金链断裂，德隆的悲剧将再次上演。

● 他山之石——从国外金融集团的发展看集团风险管理的新课题

集团发展不是近两年的新生事物，更不是中国企业的发明。在国外，特别是金融业发达的西方国家，综合性金融控股公司在组织架构集团化、业务多元化和股权结构复杂化的背景下已经取得了蓬勃发展。

在英国，传统的英国金融业分工精细明确，各类金融企业各司其职、各负其责，为国内外市场提供各类金融产品。20 世纪 60 年代后，为了增强竞争力，各金融机构开始金融创新，主要手段即是绕过监管政策的限制，通过设立分支机构或子公司经营企业金融业务。1986 年"金融大爆炸"之后，英国金融机构经营的业务已没有了明显的分界线，各项业务呈互相渗透之势。在此情形下，英国适时颁布了《金融服务法》，以立法的形式推动金融自由化，促进了金融业的全面竞争。然而，90 年代末，英国金融机构在综合化的过程中，也付出了惨重的代价。国民西敏士银行的下属公司因为利率期权交易中错误定价损失5000 万英镑。米德兰银行的下属公司由于误判利率走势造成 2 亿英镑的损失。由于金融业务多元化经营，由此所导致的管理复杂化和内部控制失控，造成英国清算银行逐步从证券和衍生金融产品交易中退出。在美国，1999 年国会参众两院通过《金融服务现代化法案》，新的金融控股公司成立合法，经过美联储同意银行控股公司可以转变为金融控股公司，从而实现了银行、证券和保险的联合经营。这标志着美国以金融控股公司为核心的全能金融制度成为美国金融业发展的趋势。

可见，由于产融集团融合了多种不同性质的金融产品和服务，集团风险也发生了一定的变化。集团风险管理的研究不再局限于传统意义上的市场风险、信用风险、操作风险等方面，而重点则应当倾向于研究集团多元化经营下系统风险的把握，以及避免和化解系统性风险的技术和风险监控手段。这将是中国这一轮产融结合集团化发展的企业无法回避的新课题。

第四章 人本精神：企业发展的根基

企业文化是经营人心的活动，要经营好人心，首先就要做到管理的人性化。人性化就是以人为本。两千多年前，孔子编撰的《尚书》中即谈道"民惟邦本，本固国宁"，管仲提出"政之所兴，在顺民心；政之所废，在逆民心"（《管子·牧民》），韩非子更进一步论述道"虽有尧之智而无众人之助，大功不立"（《韩非子·观行》），真正的伟力和智慧来自民众，故而"夫济大事，在以人为本"（《三国志·蜀书》）。可见，"以人为本"的思想在我国有深厚的文化土壤和历史背景。

"以人为本"有两层含义：其一，把人当做生产力中的第一因素，人是获取利润的工具和手段，故应重视人的作用。其二，人是资源，本身具有价值，不是或者不仅仅是手段，所以要尊重人的价值、实现人的愿望、满足人的要求、促进人的发展。在这个层面上，才谈得上"人本文化"，否则就是"利（利润）本文化"。那么，"以人为本"，以人的什么为本？应该是以人的需要为本。细化来说，随着社会的发展、企业的发展，"以人为本"也是具有层次性的，由低到高分别是：员工生存为本、员工安全为本、员工归属为本、员工尊严为本、员工价值为本。只有做到这些，才算是真正的"以人为本"。

一　人性化：企业文化的本质

● 员工：企业文化的基本力量

员工是推动企业生产力发展的最活跃因素，也是企业文化建设的基本力量。企业文化建设的过程，本质上就是企业员工在生产经营活动中不断创造、不断实践的过程。

员工身处业务经营第一线，他们在用自己勤劳的双手创造物质文明的同时，也创造着精神文明。企业文化不仅体现着企业家的智慧，更体现着员工的智慧。在企业中，个别员工也许不是最有智慧的，不一定比得上高层管理者和企业家，但他们作为一个群体，所产生的集体智慧却是最强大的。正是由于集体的聪明才智，使企业文化不断丰富，促使企业文化不断地革新与进步。

员工不仅是企业文化的创造者，而且也是企业文化的"载体"，是企业文化的承载者和实践者。正是靠全体员工在工作和生活中积极实践企业所倡导的优势文化，以一种正确的行为方式和行为规范、一种优良的工作作风和传统习惯、一种积极向上的精神风貌，爱岗敬业，做好本职工作，才能生产出好的产品，推出优质的服务，创造出最佳的经济效益，真正产生由精神变物质的积极效应。从这个角度看，企业文化建设过程就是在企业家的引导下，员工积极认同、自觉实践的过程，员工实践的好坏直接决定着企业文化建设成果的优劣。

从企业文化的创造和实践两个环节看，企业员工都起到关键性作用。人创造文化，文化也改造人。员工创造并实践企业文化，企业文化作为员工成长和发展最重要的环境，反过来也改造并提高了员工的思想素质、道德素质和文化素质，企业文化与员工素质在相互推动中共同得以提高。①

● **人性化是企业文化的本质**

企业文化的属性之一，是人的价值放在首位，物的价值放在第二位。企业文化的本质就是人性化，它尊重人的基本特性并应用于企业的管理中，使企业向"人企合一"的至高境界迈进。"人企合一"的最大特征是企业的发展方向与员工的发展方向高度统一。企业文化以尊重人性规律为前提和基础，是让员工实现自我价值的文化，同时也是让企业追求成功的文化，两者的最终目标是一致的。

如果违背"人性化"这一企业文化的本质特征，企业文化就会变成企业对员工的控制手段——打着企业文化的旗号来约束人、控制人，这种文化必然得不到员工的认同和尊重，是没有生命力的。而如果不以人的需求为出发点，却又一味地向员工提出企业的要求，只把员工当做工作的机器，就永远达不到"人企合一"的境界。只有充分体现人性化的特点，企业文化才能被认同，才能在企业的日常运行中发挥巨大的能量和神奇的作用。

人性化可以使企业向"人企合一"的境界迈进，但人性化程度不同，结果又是不一样的。像有学者谈到的那样，企业的温度（表现为亲和力、吸引力、向心力等）来自于文化的热度，文化的热度来于文化的认同度，文化的认同度来自于文化的人性化程度。

也就是说，人性化程度不同，认同度就不同——人性化程度决定着文化的认同度。一家企业，文化的人性化程度越高，或者说文化的

---

① 陈春花、曹洲涛、曾昊等：《企业文化》，机械工业出版社，2010，第221页。

热度越高，文化的认同度就越高，企业的体温就越高，反之也成立。当然世间万物都有合理的"度"的问题。企业的温度要合理，降到冰点固然不好，太高也会发烧，温暖如春才是最佳状况。文化的热度也是如此，而且它还要和其他因素如制度管理进行中和后，才能发挥最大的作用。[①]

员工的心系着企业的根，员工心不稳，企业根不牢。企业文化落地，其实就是在经营人心，就是使企业全体员工"心心相印"、"同心同德"，就是让人心"站稳"。这需要企业和领导将心比心、以心换心，做到用心、诚心、真心地为员工着想，否则员工很可能"身在曹营心在汉"。

• 人本精神的实质和功能

通过以上分析，我们可以得出，所谓企业的人本精神是企业在生产经营过程中，无论是在物质创造还是制度制定或是企业行为等活动中都是以人为承载体而形成的文化观念。

企业人本精神的实质是以企业的管理哲学和企业精神为核心，凝聚员工的归属感、积极性和创造性。人本精神要求企业要为员工创造可持续发展的成长环境。企业在追求自身可持续发展的同时，也要兼顾员工的可持续发展。

例如，企业的培训应该联系企业文化，着眼于细微之处，融合于生活之中，从做人的点点滴滴到做事的规矩、规则，从理论到实践，全方位多角度地展开，培育员工的归宿感、使命感。而员工的全面成长也将为企业发展储备强大的后续动力，推动企业现代化管理步入良

---

① 杨克明：《企业文化落地高效手册》，北京大学出版社，2010，第123页。

性循环的轨道。

建设企业人本精神，可以根据企业的发展实际，制定长期的发展愿景和战略规划，使企业与员工有一个共同的奋斗目标，树立"企荣我荣、企兴我兴"的主人翁意识，增强员工对企业的归属感和责任感，激发他们努力工作，为企业的发展壮大作出贡献。同时要正确地分析面临的形势和任务，引导员工增强危机意识、风险意识、竞争意识、市场意识和团队意识，激发员工积极进取，奋力拼搏，用文化约束自己的言行，用优异成绩维护团队形象，实现公司的良性管理，提升管理的科学性，推动企业可持续发展。

从理论意义的角度看，企业人本精神既是一个外延弹性很大的范畴，又是一个体系相当宽广疏松的框架。各种各样的学说、理论都在其中进行自己的解释。各家各派对企业人本精神的理解与释义差异很大，但对其基本功能的理解却是大致相同的。主要包括这么几点：企业利益的群体认同、企业人的群体亲合力或凝聚力、企业发展的群体创造精神。根据对这种共同的理解进行引申和阐述，企业人本精神的实质可以归结为企业的利益整合文化和价值整合文化。

二　以人为本基于企业自身深刻的变化

企业如何树立以人为本的精神呢？不是简单说说而已，它需要企业实实在在地作出深刻的变换。实践总结起来，至少应该从行为方式、主导思路、管理机制、管理风格、覆盖面等方面作出转变。

● 由形式宣传转向行动实践

不少企业在人本文化建设中，热衷于提出动听的企业口号，设计精美的宣传手册，拍摄精彩的电视宣传片，在企业内外大力推广。一时间，整个企业处处可见"以人为本"，时时可听"以人为本"，似乎昭示着企业已经一步迈入人本文化的时代。然而，这种形式主义的宣传方式，对于企业的人本文化建设没有任何意义。实施人本文化管理，绝不仅仅是几句口号、几本手册、几段 VCR 就可以完成的。企业人本文化的建设是一项系统工程，只有完成由理论到实践的转化，落实到企业全体干部员工的实际行动中，实现具体操作化，才能真正发挥其作用。首先，要让全体员工透彻了解人本文化的深厚内涵，从思想上树立"以人为本"的重要理念；其次，针对企业目前的现状进行诊断分析，制定出符合企业实际的人本文化实施步骤；再次，在人本文化的实施过程中，要打破企业原有的不良行为模式，通过各种强化手段建立新的人本行为方式，逐步实现企业人本文化的行为化、操作化、实践化。只有这样，才能真正将人本文化转化为员工创新行为的动力和源泉。

● 由面向少数个体转为面向全体员工

由于受传统文化中等级地位观念，以及企业中利润贡献和实际作用的多重影响，企业在推行人本文化时，可能会经常不自觉地将部门、员工划分为三六九等，采用不同标准分别加以对待。譬如，对中上层管理干部讲以人为本，却把基层普通员工置之于外；对企业创利的重要部门讲以人为本，对其他后勤服务部门则置若罔闻；对被企业视为顶梁柱的中青年骨干员工讲以人为本，对其余不甚突出的一般员工则视而不见。其实，这些行为本身就违背了"以人为本"，人本主义所提倡的首要价值观就是平等理念，企业所有员工无论地位高低，大家在人格上都应受到平等的待遇。企业是一个有机的整体，任何员工都是这个有机体的一部分，企业的核心竞争力来源于所有员工的共同努力。单靠个人或某个部门，即使能够取得一定的成功，却无法支撑企业长远的可持续发展。个人英雄主义的时代早已过去，企业的成功必须建立在团队协作，建立在每一位员工全力拼搏的基础之上。这就要求人本文化的实行对象必须毫无偏见地囊括企业的全体员工，让所有人都能享受到"以人为本"的关怀和激励，在工作中激发出自身的潜能，产生更多的创新型行为。

● 由物质主导转向精神主导

"以人为本"可以表现为物质和精神两方面，企业在推行人本文化时，可能往往注重以物质的"以人为本"为导向，重视物质满足、物质激励、物质地位、物质回报，而忽视了精神层面上的"以人为本"。美国著名行为科学家弗雷德里克·赫茨伯格提出的双因素理论（Motivation -hygiene theory）认为，物质需要的满足仅仅属于工作的保健因素，只能使员工对工作不会不满意，却无法实现使员工对工作感到满意的激励效果。物质上的"以人为本"，对于员工潜能的开发、成就动机的激励、自我实现的需要均无法起到根本的激励作用，而正是这些精神上的因素才是激发员工产生创新行为的主要动力。所以，企业在树立人本文化时，应该注意由以物质主导向精神主导转变。不仅强调员工物质需求的满足，更要关注员工自我价值的实现、工作潜能的激发、情感需要的满足，以及兴趣爱好的发展等精神需求上的"以人为本"。同时，塑造一种宽容的企业人本文化，给予员工充分的信任及精神上的支持，提供员工创新行为所需要的相应物质条件，鼓励员工积极探索、求新求异，最大限度地容忍和接受员工创新过程中可能出现的失败。

● 变无序化为机制化

有的企业在推行人本文化时，没有一个全面系统的计划和安排，主要依照企业领导或是企业宣传部门主管的主观决策，即兴开展、随意实施。有时组织干部员工讨论，定立企业人本工作制度；有时选派员工学习培训，满足个人发展需求；有时开展文体娱乐活动，宣扬人本文化理念；有时改善员工工作生活环境，增强员工工作满意度……这样随性而为的安排看似热火朝天、轰轰烈烈，但是由于文化推广活动方式的零散性、无序性和非结构性，无法在企业建立系统完善的人本文化体系，更不能使人本文化真正融入到员工的思想意识中，对企业的创新行为也不会产生积极效果。这就要求企业在推行人本文化中，必须根据实际情况，从满足员工物质、精神需要，激励员工创新性行为出发，制订系统全面的建设推广方案和计划，分阶段、分步骤地实施，实现由无序化转变为系统化推行，在企业内部建立完整的人本文化机制，从思想和行为两方面确保全体员工能够领悟贯彻。

● 变粗放型为个性化

有的企业在推行人本文化时，采用的方式偏于简单粗放，不考虑企业的实际情况，导致人本文化建设走入歧途。企业在建立人本制度时，管理者往往根据已有经验，凭借主观刻板印象判断员工及组织部门，结果常常偏离了员工的实际需要，许多管理者所制定的自以为是的人本制度往往不被员工认可，达不到积极的效果。企业在实施"以人为本"的制度时，由于缺乏正确的推行理念指导，没有科学的实践模式作为参照，方法简单粗放，行为浅尝辄止，这种粗放型的手段根本无法真正满足员工的要求。

个体的需要是丰富多彩、各不相同的，即使同一个人的需要也会因时因地而有所不同，因此，"以人为本"的施行应该由粗放型向个性化转变。企业要充分考虑到个体的价值观、物质需要、精神追求、工作潜能、心理状况等个性因素的差异，以此为基础多途径、多渠道地实施"以人为本"，让员工充分感受到企业人本文化的强大关怀力，增强企业的凝聚力、向心力和生命力，从而激发员工内在的工作热情，主动去发现企业存在的问题，积极变革原有不合理的管理方式，进行生产流程再造，探索研发新型技术、新颖产品，形成良好的创新习惯，促使企业涌现出更多的创新行为。

● 变短期重视为长期坚持

不少企业管理者对人本文化的提倡和重视，常存在"一鼓作气，再而衰，三而竭"的现象，一开始干劲十足，短期内未见效果，热情很快烟消云散。在建立人本文化的早期，往往大张旗鼓地进行宣传和推广，率领干部考察、组织员工学习、邀请专家会诊、制定相应制度、开展各项活动，不遗余力地企图通过各种方式，在企业内部迅速营造出一种看似关心人、重视人、塑造人、满足人的工作氛围，以标榜企业人本文化的建立。然而，如果这些行为在短时间内没有激发出员工的创新型行为，为企业带来明显的效益，管理者就会半途而废，放弃对企业人本文化的建设和推广。人本文化对个体创新行为的影响，不是简单的刺激—反应过程，而是通过人本思想对员工潜移默化、春风化雨般地影响，重新塑造他们的价值观、事业观、人生观，激发员工的工作潜能和创造热情，进而促使员工产生创新行为，这是一个厚积薄发的长期过程。推广先进的企业人本文化，改变员工原有的不合理观念，建构新的价值理念体系需要时间。个体对于先进的人本行为模式，完成从表面强制性服从到行为同化，再到真正内化为自身价值观念的组成部分，进一步在全体员工中形成良好习惯，演变为集体无意识，真正成为优良的企业。文化传统，这是一个漫长反复的过程，企业人本文化的建设与推广绝非一日之功。在实践中，我们必须做好充分的思想准备，排除急功近利、一蹴而就的错误想法，坚持不懈地实施企业的人本文化建设，实现由短期重视向长期坚持的转变。

企业人本文化自 20 世纪 80 年代传入我国后，管理学界和企业界展开了大量的研究和讨论，取得了丰硕的理论和实践成果。但是毕竟时间有限，我们对企业文化包括人本文化的认识仍处于较为初级的阶段，在实践中还存有许多误区和盲区。在企业推行人本文化的过程中，努力实现上述六个转变，对于真正落实"以人为本"的文化管理思想，激发企业创新行为，增强企业核心竞争力具有积极的指导意义。

三 将企业文化理念转化为员工行为

员工群体是企业文化建设的基本力量，员工行为也是企业文化建设的关键影响因素之一。在企业文化建设过程中，把企业文化理念有效地转化为员工的实际行为，实现对员工群体行为的塑造，将对企业文化建设工作的顺利开展和推进起到巨大的支撑作用。

一般地说，员工形成了一定的价值观，当这种价值观达到理想的境界，就会激发员工的行为动机，引发出一定的行为。但是，价值观和理念与实际行为有时并不自然联系。真诚地接受、认同了企业价值观，但在行为上无法始终体现企业价值观的员工，恐怕也不乏其人。因为，由精神层面上的价值观过渡到实践层面的实际行为是个非常复杂的过程。行为的顺利实现，需要一系列客观和主观条件。

● 转化条件：价值实践与培养

1. 员工对行为情境的判断能力

任何行为都是一定情境中的行为，是人们依据这样或那样的情境所作出的行为选择。对情境的判断在前，对行为方式的选择在后，行为选择的依据是对行为情境的判断。

人们对行为情境的判断，就其主要方面是价值判断，即怎样的情境是有利的，怎样的情境是不利的。价值判断的依据，对员工来说自然就是被他们所认同的价值观。然而，价值观是概括的、抽象的，而需要评量、判断的情境是具体的、复杂的，甚至是瞬息即变的。因此，人们要成功地对情境作出判断，不仅需要具备灵活应用价值观的能力，而且需要具备对行为情境的洞察力、理解力和一定的预测能力。缺乏这些能力，便无法对行为情境进行迅速、正确的判断，从而也就丧失了正确抉择行为的前提。

2. 员工的行为技能和技巧

任何一种行为方式都是由若干个别的动作构成的。这些动作因不同的组合，便构成不同的行为方式。所谓行为技能，就是把个别动作组合、编成一定行为方式的本领。而这种本领熟练化了，"熟能生巧"，技能就转变为技巧。

掌握行为技能、技巧，对于价值观向行为的过渡十分重要。价值观作为人们行为的规范，只是对人们的行为作出质的规定，即规定什么式样的行为是正确的、善的、美的，而什么式样的行为是错误的、恶的、丑的。并且这种质的规定是原则性的、概括性的，甚至是模糊的。企业价值观就是一组概括化了的判断行为的原则。仅凭这些原则，人们仍然无法采取行动。若要有效地采取行动，则必须掌握行动的技能和技巧。

3. 员工的行为习惯

行为习惯就是固定不变的、习惯了的行为方式。习惯带有惯性，带有自动的倾向。人们养成了某种习惯性的行为，就产生了对这种行为方式的强烈依赖，在一定的情境下，只有按习惯方式行为，心理上才能满足。否则，人们的心里会不满，会感到若有所失，甚至不知所措。

企业的习俗，就是企业群体所养成的习惯。习俗建立于个人习惯基础上，同时对个人习惯的养成起促进作用。如果个人养成了按企业价值观要求而行为的习惯，并会聚成整个企业的习俗，那么，企业行为就获得了体现价值观、忠实于价值观的巨大动力。

由价值观转化为人们判断行为情境的能力，转化为人们行为的技能、技巧和行为习惯，不是自发的、自然而然就实现的。它离不开人们的价值实践，也离不开对员工有意识、有计划、有组织地培养和训练。优秀企业的经验表明，下列措施有利于人们行为技能、技巧和习惯的形成：一是编制员工日常行为指南手册，把企业价值观分解成对员工日常行为的具体要求。二是发动员工共同制定行为公约和守则，并采取上下结合、定期与不定期结合的方式，对员工的执行情况进行检查、评价和奖惩。三是选择具备典型意义的人和事，进行行为分析，并着重揭示由价值观到行为的转化历程。四是组织员工交流价值实践经验，促进员工互动。五是开展专题行为模拟训练，如交往行为训练、合作行为训练、参与决策行为训练，以及协商、调停、仲裁矛盾和冲突的行为训练。对每项训练要设计好行为情境、行为模式、行为技能和技巧；对参与训练的成员要分派角色，明确角色规范，对员工的练习行为要给予及时评价。六是对行为困难者和问题行为者，以咨询方式进行个别辅导以使他们尽早摆脱困扰，或矫正失范行为。

● 转化途径：价值观强化

价值观作为行为动机是可以得到强化的。强化是行为主义心理学的中心概念。行为主义心理学所揭示的人类行为模式是 SOR。其中，S 代表刺激物，O 代表人的行为动机，R 代表人的实际行为。三个变量之间的关系是：在一定刺激物的刺激下，人的行为动机得到了加强或削弱，从而便导致行为的持续或中止，刺激物对行为动机所起的作用就是强化。强化分正强化和负强化。正强化是指对行为动机的加强作用，会使人们的行为持续下去；负强化是指对行为动机的削弱作用，会使人们的行为中止。引起行为动机加强的刺激是奖励或报偿，引起行为动机削弱的刺激即是惩罚或剥夺。也就是说，要加强员工的行为动机——价值观，并使其与价值观相符的行为持续下去，就要给员工一定的奖励或报偿；而要削弱或纠正员工的某种错误观念，并使其与错误观念相应的错误行为中止，就要给员工一定的惩罚或剥夺。

实验结果表明，奖赏优于惩罚，表扬优于批评。因此，在引导员工形成价值观、养成良好行为习惯的过程中，一定要以奖赏为主，辅之以惩罚。滥用惩罚，过多诉诸负强化，会损伤员工的自信心和自尊心，不利于价值观的接受、认同和外化。奖赏就是给员工以一定的满足。可以满足员工的东西是多种多样的，既有物质的满足，也有精神的满足，还有社会性满足和心理的或生理的满足。以什么东西去满足员工，要视企业的条件和员工的不同需要而定。千篇一律的物质满足，并不一定能强化员工对企业价值观的认同和良好行为习惯的养成。相反，还可能诱发员工不健康的价值取向，导致行为的混乱和失范。

实验结果还表明，及时强化优于延迟强化。人们都有及时得到评价的心理倾向。一件事情做完了，是对还是错，是价值大还是没有价值，都希望从组织或他人那里反馈信息，以便确定后续行为的方向、方法和方式。因此，不论采用正强化或负强化，都要及时、迅速而准确。错误的价值观和行为，如果不及时给予负强化，就会持续并蔓延；正确的价值和行为，如果不及时给予正强化，也会退化、中止，甚至选择错误价值观，而导致企业在价值方面的混乱。

● 塑造员工的群体行为

员工是企业的主体，员工的群体行为决定企业整体的情神风貌和企业文明的程度。因此，员工群体行为的塑造是企业文化建设的重要组成部分。

有关学者研究认为，员工群体行为的塑造至少包括以下三个方面的内容①。

第一，激励全体员工的智力、向心力和勇往直前的精神，为企业创新作出实际贡献。美国最优秀的 100 家企业之一的信捷公司，对自己的员工提出了这样的行为规范：在工作中不断激发个人的潜能，积极主动地为自己创造一种不断学习的机会，尽管工作是日常性的，但工作的全部内容应当提升到与成就个人事业相联系的位置上，以便为个人的成长提供动力。贝尔研究所拥有近万名具有博士和硕士头衔的员工，他们坚持每月举办系列学术讲座，并鼓励不同专业的人员互相交流，所有员工，上至企业家、管理学家，下至各类专业人员、计算机专家、化学家、物理学家、心理学家和普通职员，大家共同探讨，交流各自的看法，在企业中形成一种勤于学习和善于钻研的好风气。

第二，把员工个人的工作同自己的人生目标联系起来。这是每个

---

① 陈春花、曹洲涛、曾昊等：《企业文化》，机械工业出版社，2010，第221~224页。

人工作主动性和创造性的源泉，它能够使企业的个体产生组合，即超越个人的局限，发挥集体的协同作用，进而产生 1 + 1 > 2 的效果。它能唤起企业员工的广泛热情和团队精神，以达到企业的既定目标。

当全体员工认同企业的宗旨、每个员工体验到在共同的目标中有自己的一份时，他就会感到自己所从事的工作不是临时的、权益的、单一的，而是与自己人生目标相联系的。当个人目标与企业目标之间存在着协同关系时，个人实现目标的能力就会因为有了企业而扩大，把这种"组合"转变成员工的个体行为，就会有利于员工形成事业心和责任感，建立起对企业、对奋斗目标的信念。

第三，每个员工必须认识到：企业文化是自己最宝贵的资产，它是个人和企业成长必不可少的精神财富，以积极处世的人生态度去从事企业工作，以勤劳、敬业、守时、惜时的行为规范指导自己的行为。

四　采取行动，使员工达成共识

形成员工的行为习惯需要我们借助于文化的功能来完成。文化的根本功能就是凝聚力的功能，简单地讲就是达成共识。按照有关学者提出的观点，达成共识至少需要做到四件事情：共同的事物、共同的语言、共同的举动和共同的感受①。

● 共同的事物

无论是服饰还是工作场所以及公司的标识系统，都要给员工明确的共同事物的安排。多数时候人们可能并不关心这些共同的东西，但

①　陈春花：《从理念到行为习惯：企业文化管理》，机械工业出版社，2011，第 79～81 页。

其实正是共同的事物让员工可以和组织完全保持一致，如海底捞给员工安排好的住宿等，这些都会让员工形成与公司的共识。相同的服装、开放的办公场所、员工一起用餐的餐厅等，包括公司的标识系统、办公用具以及工作环境，这些共同的事物都会带来共识的达成。所以尽可能地给员工提供一些共同的事物，可以很容易让员工和公司达成共识。例如在一家很有活力的公司中，很多员工谈到他们在公司里记忆最深刻的事情，竟然都是第一次到公司上班，公司给每一位新员工买的那个星巴克的马克杯。这个礼物完全超出他们的想象，就是这样一个杯子，让他们一下子就喜欢上这家公司并愿意努力地在公司工作。一个小小的杯子就有着这么大的凝聚力，只要稍微用心，提供一些共同的事物给员工，共识就会形成。

● 共同的语言

语言具有特殊的作用是人们所熟悉的。西方的谚语说，"世界上最近的距离和最远的距离都在舌头上"。这说的就是语言的功效。如果可以让员工有共同的语言，也就让员工之间达成共识而没有距离。一个好的企业文化会让员工不断谈论这样的话题：第一，诚实地了解顾客并追求顾客至上；第二，不强调职位的高低；第三，我们只有合伙人与伙伴；第四，我们不能依赖系统，而是要依靠个人的能力来满足顾客的需求。概括来说，就是在企业中谈论三个关键词：顾客、合作、解决问题。如果员工在日常工作中都是谈论这三个关键词，那么员工所形成的共同语言就可以产生顾客导向的文化和行为习惯，就可以形成相互合作、配合的企业文化和行为习惯，就会形成主动承担责任、积极解决问题的企业文化和行为习惯。语言所创造的氛围一定会影响人们的行为选择和习惯，"你今天有什么好的创意？你有什么好的概念?"在这样的氛围下，只能有一个概念——创新、创业！人们会感到这样的冲动，正是创新、创业这些共同的语言造就了无数现代企业的神话。所以，一个企业要有自己独特的语言以及要求，在企业内部引导员工讨论共同的话题，具有相同的语言是形成文化共识的第二个部分。

● 共同的举止

典型的运用共同举止达成共识的是军队。任何一个军人都会要求自己一切举止符合要求，无论是行走、吃饭、训练以及睡觉，这些完全一致的行为举止训练，使得军队成为强大的组织，并战无不胜。我们在形成企业文化的时候，也一样需要员工具有共同的行为举止。通常情况下，企业中的行为可以分为六种：第一，会议的参与；第二，对于细节的注意；第三，个人关系与人际沟通；第四，在危机中聚集商讨应对顾客需求的对策；第五，品质的标准；第六，劳资关系。这些都是企业中的日常行为举止，这些行为举止的一致性和高标准就可以形成一个一致的团队。对于举止和行为一致性的训练，是达成共识最为有效的途径之一。只要我们观察军队的训练，就很容易得出这样的结论。

● 共同的感受

员工的感受是第四个达成共识需要关注的部分。海底捞的经验说明，给员工好的感受有着非凡的意义。这家公司从员工的衣食住行入手，为员工提供良好的服务，这些举措使得员工感受到特殊的待遇，并因为这样的待遇感受到公司对于他们的尊重和珍惜，在内心萌发了自豪感和当家做主的感觉，这样的感觉一旦成为员工的共识，就会发挥出巨大的作用。当一家公司的员工评价公司说"公司对我们很好，我们喜欢这个地方，我们关心公司因为公司关心我们"，那么这家公司就已经形成员工的共同感觉了。海底捞为员工安排专人打扫宿舍卫生、换洗床单，带给员工的就是公司关心员工的感觉，这样的感觉造就了员工对于顾客的关爱。

以上四个方面就是形成员工行为共识的方法。在现实中的很多企业里，因为没有注重共同工作方式的培养，没有约束员工的工作行为，没有强调对于所关注事情的共同标准，所以就无法形成凝聚力，看起来像一盘散沙。其实，达成共识不是太难的事情，只要善用工作环境、工作服装和工具以形成共同的事务，善用管理制度和激励手段以形成共同的举止，善用公司用语以形成共同的语言，善用公司的形象以形成共同的感受，企业的共识也就易于达成，企业文化随之就会展示出来。

文化不是口号，而是全体员工的信条和行为准则。文化理念作为行动先导，必须经过转化才能确保落实到行动上。"内化于心，外化于行"，强调结果导向，把文化做实。企业文化并不是"虚"的，而是非常"实"的，所谓"实"就是体现在共同事物、共同语言、共同举止、共同感觉等方面。这些都是实实在在的东西，员工摸得到、看得到，只要管理者愿意在这四个方面做出努力，员工与企业之间的共识就一定可以达成。

第五章 企业家：致命的领袖魅力

一种企业文化的建立、发展与创新，就其决定作用来说，反映出一个企业家的创业意识、经营战略、发展目标、价值追求、管理风格与工作作风，折射出企业家的文化底蕴、智慧追求与个性风格。企业家作为企业的决策者、经营者、管理者，是企业文化的设计师。一个优秀的企业家，应该是培育企业文化的多面手：要甘当"园丁"，勤劳耕作，精心培育；要当好"医生"，善于诊断企业的"病因"，对症下药；要做好"牧师"，明确自身在企业文化中的主导角色定位，不断地"布道"，使员工接受企业文化，把员工自身价值的体现融入到企业目标追求的现实中去。

一 伟大的企业家造就伟大的企业

● 企业家不是职位

美国著名管理学家汤姆·彼得斯和南希·奥斯汀提出"经理也是教练"的观点，认为"任何一级的教练首先都是树立价值观念的人。形成价值观念不仅意味着通过特别关注传播公司经营哲学和用象征手法表达这一哲学而使它成为活生生的现实，而且意味着倡导这种价值观念的人要帮助新来的雇员明白共同的公司价值准则如何影响每个独立的人。"①

第一位给企业家赋予经济学内涵的是法国经济学家让—巴蒂斯特·萨依，他在 1803 年提出"企业家"这一概念：把经济资源从生产效率较低、产量较少的领域转到生产效率较高、产量更高的领域的人，便是企业家。西方经济学理论普遍认为，现代企业家面临着时代所赋予他们的神圣使命和严峻考验，对企业的生存和发展具有重要的作用。

熊彼特赋予企业家以推动经济发展的主体地位，他在《经济发展理论》和《资本主义、社会主义和民主主义》两书中，提出企业家核心职能是不断实现创新，在企业经营管理中引入新的组合。熊彼特归纳出具有创新精神的企业家的四个特征：

1. 有远见，能够预见到市场中存在的潜在利润；

2. 有胆量，敢于冒风险；

3. 有信心，相信只要实现生产要素重新组合，就能获得潜在利润；

4. 有组织能力，善于动员和组织社会资源，进行并实现生产要素重新组合。

著名管理大师、经济学家德鲁克 1985 年提出，企业家就是赋予资源以生产财富的人。

比尔·盖茨说："随时尝试新鲜事物，从事新投资，寻找新市场，而且永远比未来快一步，具有这种雄心与条件的人，才能被称为

① 〔美〕汤姆·彼得斯、南希·奥斯汀：《赢得优势》，管维立等译，企业管理出版社，1986，第 395 页。

企业家。"

刘光明认为，企业家这一称谓绝不等同于董事长、总经理的地位和职务，它代表着活力和进取精神。只有在市场经济中勇于开拓、敢于冒险、善于经营、勤于管理的企业经营者，才称得上是企业家。[①] 厉以宁指出，企业家不是一种职务，而是素质。所谓素质，就是有眼光，知道什么地方能赚钱；有胆量，敢于拍板作决策；有组织能力；有社会责任感。[②]

● 三军易得，一将难求

如果说微软和戴尔闻名世界是因为两名著名的企业家比尔·盖茨和迈克尔·戴尔精心构建企业文化的结果，那么，通用公司与海尔企业绝处逢生则可以说是杰克·韦尔奇和张敏瑞大胆进行企业文化创新的功劳。国有企业文化能否实现创新，进而构建出具有中国特色的国有企业文化，关键在于能否培养出一批优秀的企业家群体，正所谓"三军易得，一将难求"。

中国目前仍不是盛产企业家的国家，企业家仍是稀缺资源。据统计，从世界竞争力的指标排名看，中国经营者的企业家精神和创新精神，公司高级管理人员从事国际化经营的经验指标，分别排在第45和44位。当前，相对于其他要素（如劳动力及一般生产资料等）的供给而言，企业家阶层在我国表现为一种稀缺资源，成为制约企业改革与发展的关键因素之一，成为制约我国企业竞争力的最大因素。[③]

---

① 刘光明：《现代企业家与企业文化》，经济管理出版社，1997，第46~48页。
② 厉以宁：《论现代企业家素质》，载《经贸导刊》2002年第11期。
③ 戴木才：《现代企业管理创新教程》，中共中央党校出版社，2002，第213页。

二 企业家素质：突破中国企业文化建设的瓶颈

● 谁是国有企业文化建设的瓶颈

中国国有企业文化建设的桎梏有很多：传统文化影响、机制体制约束、企业发展阶段制约、企业领导人素质，等等。然而，为什么在相同的外部条件下，有些企业的企业文化建设取得令人瞩目的成绩，而有些企业的企业文化建设却久久不见起色，甚至更有甚者，无企业文化而言？伟大的企业家造就伟大的企业，但凡具有优秀文化的企业，一定有优秀的企业家。回顾改革开放以来中国国有企业几十年的发展历程，在相同的社会条件下，中国国有企业文化建设瓶颈中最关键的因素就是企业领导人的素质。

在 2009 年 9 月召开的全国国企党建工作会议上，中央政治局委员、中央书记处书记、中央组织部部长李源潮讲话，要求党的组织要发挥监督保证作用：

避免领导人信仰丧失。

避免领导人利欲熏心。

避免领导人独断专行。

避免领导人疏远群众。

足见领导人素质的重要。同样，如果不能从根本上提升国有企业高层管理人员的素质，那么企业文化建设想取得突破性进展也是很难的。

● 高素质的企业家什么样

美国"卡鲁创业家协会"曾对 75 位美国成功的企业家做了深入的

调查研究，概括出成功企业家的 11 个特征，包括：

　　1. 健康的身体；

　　2. 自信；

　　3. 控制及指挥欲望；

　　4. 紧迫感，笃信"时间就是金钱"；

　　5. 广博的知识；

　　6. 脚踏实地，做事实在；

　　7. 超人的观念化能力和整合能力；

　　8. 不在乎地位，不计较虚名；

　　9. 情绪稳定，坚强自忍；

　　10. 客观的人际关系态度；

　　11. 乐于接受挑战，承担风险，竭尽全力投入。

企业家应具有的主要品德包括：

1. 使命感：完成任务要有百折不挠的坚强信念；

2. 信赖感：同事、上下级都要相互信赖，相互支持；

3. 诚实：在上下、左右关系中都要以诚相待；

4. 忍耐：不随意在群众面前发脾气；

5. 热情：对工作热情，对下级体贴；

6. 责任感：对工作高度负责；

7. 积极性：工作主动，有主人翁态度；

8. 进取心：事业上进，不满足于现状；

9. 公平：对人对事秉公处理，不徇私情；

10. 勇气：有向困难挑战的勇气。

成功企业家的性格特征表现为：

1. 具有现实主义态度，从不把幻想当做现实，对冒险的事三思而后行；

    2. 彻底的独立性，独立决策，稳重、理智地行事；

    3. 善于为他人着想，关心同事，热爱他人；

    4. 适当地依靠别人；

    5. 善于控制自己的感情，掌握分寸；

    6. 深谋远虑；

    7. 胸襟博大，有大度包容的气量；

    8. 永不自满，虚心学习，乐于接受新事物，总想做得更好。

    综上，企业家素质就是由先天和后天因素共同作用形成的企业家固有的个性和品格。[1] 企业家素质包括精神素质、能力素质、生理素质和心理素质等方面。[2]

    1. 精神素质：企业家精神是企业建立、生存和发展的原始动力，是企业创新和企业成员实现创新能力的代名词。企业家精神主导的是企业文化是一种创新文化。[3] 现代企业家应当具备宽、深、高、远的视野和目光，以全球观念、跨世纪意识，从整个国家和全世界范围内的政治、经济、科技诸要素的大系统分析中，认识影响企业的各种因素和企业发展的机遇，建立企业决策的价值标准，从而把企业发展置于国际发展和全球发展的大系统中。[4] 企业领导人要有创新意识；企业内部要形成一种鼓励员工创新的文化氛围，把传统文化强调的"绝对服从"、"步调一致"等观念转变为重视员工的个性和灵活性，提倡灵感和独创性，建立有利于创新的体制性文化。[5]

---

① 张仁德、霍宏喜主编《企业文化概论》，第 100 页。
② 庄培章：《现代企业文化创新》（修订版），第 246 页。
③ 金碚：《竞争力经济学》，第 431 页。
④ 陈炳富：《中国传统文化与现代企业家》，载《经济纵横》1995 年第 2 期。
⑤ 于易：《走出企业文化建设误区》，载《企业活力》2002 年第 11 期。

企业家的精神素质包括：（1）文化素养：企业家应具有比较全面系统的科学文化知识，不仅精通自己所从事的专业，且了解中外哲学思想和管理思想，善于从系统论的全局观念去考虑问题，从企业发展的战略高度去思考问题。（2）创新精神：创新是企业家的本质特点，创新精神是企业家创造力和革新精神的统一。创新精神应体现在机制、观念、管理、市场等各个层面。（3）冒险精神：美国商业月刊曾评选出 50 位最有影响的企业巨头，他们所具备的第一条素质就是敢于冒险。对于冒险精神的理解应该是对新事物、新观念的大胆尝试；勇于面对困难、迎接挑战。（4）社会责任意识：把企业当成与自己生命休戚相关的事业，而不是升官发财的跳板。（5）创业精神：热爱自己从事的工作并甘心为之奉献，艰苦奋斗、敬业奉献、率先垂范。

2. 能力素质：庄培章将企业家的能力素质分为 3 类：技术能力，管理能力，人际关系处理能力。孙效增认为，现代企业家必须具备四种文化意识和能力：敏锐的文化洞察意识和能力，深刻的文化体验意识和能力，全面的文化整合意识和能力，灵活的文化变革意识和能力。综上，企业家应具备较强的综合能力，大致包括：（1）辩证思维能力，遇事能从大局出发权衡利弊，把握重点；（2）快速反应能力，心中有了决断，应迅速反应，而不是错失良机；（3）资源整合能力，对企业的人力、物力、财力等显性资源以及知识产权等隐性资源有充分的认识并能尽可能实现其有效利用；（4）学习能力，懂得尺有所短、寸有所长，善于学习，并能够以人之长补己之短。

3. 生理心理因素：企业家常常需要承担超负荷的工作量和沉重的心理压力，这一方面要求他们必须有健康的身体和充沛的精力，另一方面要求他们具有坦荡的胸怀、健全的人格和宠辱不惊的心理素质。所以，良好的心理素质是成就企业家及其事业的关键。企业家的心理素质至少包括以下方面：自信而不武断，坚强而不粗鲁，宽厚而不怯懦，雷厉风行但不自负盲动，沉着冷静但不回避现实，勇于冒险但不以"赌"为快。

三　企业家的修炼：信仰的塑造者

> 　　1994 年元旦，柳传志是在北京度过的。他发现公司花 130 万元为自己买来一辆"奔驰 320"。这辆黑色的轿车让公司上下兴奋而自豪，但是柳传志却怒不可遏。有人请他坐上去，他狠狠地说："谁买的谁去坐。"后来这个"财富和身份"的象征就静静地卧在车库里，从这个冬天到下个冬天，除了司机有时候把它开出去溜一溜，没人理睬它。
>
> 　　联想的员工在很长的一段时间里都喜欢讲述这个故事，以证明他们老板的朴实、勤勉和不事张扬，可是我们只有站在 1994 年年初的那个大环境中，才能理解其中的真正含义。
>
> ——《联想风云》

● 塑造组织信仰

1. 企业家是组织信仰的提出者

信仰必须要有意识地在组织中进行塑造，否则，就不可能形成全体组织成员共同认可的信仰。而有意识地塑造符合组织发展需要的信仰，首先有赖于组织领导自己具有清晰明确的信仰，组织领导可以主动创立和提出自己的信仰，并在组织中进行塑造。

企业家是一个企业的灵魂和主导。一个企业的文化，必然打上企业家的个性烙印和人格特征。企业家引导着企业文化发展的方向。企业家的领导风格、领导艺术和个性风采对企业文化建设具有重要作用。

企业家是企业文化的创造者和精心培育者。企业家对本企业的情况了如指掌，知道最需要什么，最缺少什么，最关键的问题是什么，因而能够"对症下药"，从问题入手，审时度势、因地制宜，推进企业文化建设，并带头进行企业文化的修炼。

企业家是企业文化建设和修炼方案的设计者。企业家在提出思路、制定纲领、提炼企业理念、升华企业精神、形成企业文化建设方案的过程中，起着主导和"总设计师"的作用。

2. 企业家是组织信仰的传播者

通用电气公司前任董事长杰克·韦尔奇在还是一个集团主管经理的时候，为了表示对解决外购成本过高问题的关注，在办公室里装了一部特别电话，号码不对外公开，专供集团内全体采购代理商使用。只要某个采购人员从供应商那里争得了价格上的让步，就可以直接给韦尔奇打电话。无论韦尔奇当时正在干什么，是谈一笔上百万美元的业务还是同秘书聊天，他都一定会停下手头的事情去接电话，并且说道，"这真是太棒了，大好消息；你把每吨钢材的价格压下来两角五分！"然后，他马上就坐下来起草给这位采购人员的祝贺信。

韦尔奇的这种象征性做法不仅使他自己成了英雄，也使每一位采购人员成了不同于一般人的英雄。有人谈到象征在管理中的作用时指出，每一个使用象征手法的行动都是一出小戏。在这个意义上说，领导也是戏剧艺术家。

组织信仰并不像战略、组织机构、人力资源等管理职能一样清晰可见，也无法在短期内见效。要使组织中的每一个人相信愿景并愿意去实践企业共同的价值观，这时就有赖于领导对组织信仰进行强力的推动，采取各种手段，让员工感受到组织信仰的力量。

企业文化的传播和贯彻，需要企业家的长期努力。企业文化修炼需要企业家率先垂范。企业家积极倡导、培育具有本企业特色的企业文化，必须用自己的言行、工作作风和精神面貌去确立企业的风尚，影响企业员工的思想和行为，推行、传播具有鲜明个性的合乎本企业的先进的企业文化。

3. 企业家是组织信仰的身体力行者

在组织信仰的塑造过程中，在贯彻组织信仰的过程中，企业家不仅起到外部推动的作用，组织领导不能给人高高在上的感觉，而必须身体力行组织信仰，发挥组织领导率先垂范的作用。

组织信仰不是每天的说教，而应该每时体现在行动上，尤其是组织领导的行动。宏基的观点就是，组织信仰表面上是以口号和理念的形式表达，实质却是"行为"。从根本上说，组织信仰要靠每天的决策、做事的方法来形成。并且，组织信仰最终是集体行为形成的，而不是仅靠企业家的倡导就能够完成的。领导者的作用是，有非常敏锐的观察力，观察出组织成员的心理及客观困境，透过口号、透过行为，形成一个共识、一种文化、一种力量，让大家行动一致。

企业家的模范行动是一种无声的号召，对下属成员起着重要的示范作用。因此，要维护和塑造组织信仰，领导者本身应该就是这种信仰的化身。企业领导确定了组织信仰之后，可以通过象征性行为、语言、故事等各种方式表示出自己对组织信仰始终如一的关注，从而使广大成员共同关注组织信仰的实现。

4. 企业家是企业文化修炼的"教练"

企业文化修炼，需要企业全体员工积极参与，企业家除了身体力行外，还需充当教练的角色，手把手地教，用一言一行感染、感化员工，使他们不断抛弃旧习俗、创造新文化，使企业文化修炼保持一种健康向上的态势和良好的精神风貌，切实收到成效。

做好教练工作，首先要创造和谐一致的教练班子，其次要做好文化的传播工作。关于领导班子应该如何对待价值观的问题，塞尔兹尼克认为，在灌输企业的关键性价值观方面，领导者们别无选择，只能用一种声音说话。一条重要的原则是要创造出一个和谐一致的工作班子。各种派生的政策的制定和具体运用，则应该以大家所共有的总看法为指导。他说："创造性领导的艺术，就是建立组织的艺术，就是对人和技术材料进行再加工，使之成为一个拥有新鲜而持久价值观的有机体的艺术。"① 关于价值观的传播，塞尔兹尼克认为，价值观通常并不是靠正规书面程序来传播的，更常见的倒是靠一些比较含蓄、比较艺术的手段来传播的，尤其是靠故事、神话、传奇和比喻来传播。他主张把长远的意义和目的融入到日常行为中去，把从社会上汇集起来的神话做一番精心的加工，用鼓舞人心的和理想主义的词汇去说明本企业的价值观和方法上的独特之处，以达到建立统一的使命感、促进整体和谐一致的目的。

● **锤炼企业家**

企业家是企业核心竞争力的人格代表。企业整体人格素质提高的核心人格素质就是企业家素质。企业家的价值观和精神状态影响着企业行为和员工的价值取向，决定企业核心竞争力的发展程度。企业家应着重锤炼以下方面：

职业追求——企业为国，不为荣誉迷眼，不为仕途牵引，热爱本职，甘于奉献，有坚强的事业心和强烈的社会责任感。

---

① 转引自〔美〕托马斯·J·彼得斯、小罗伯特·H·沃特曼《成功之路》，第347页。

职业修养——政治成熟，具有强烈的政治责任感和社会责任感，廉洁自律，有高度的政治敏锐性；品德高尚，言行一致，谦虚谨慎，有自我批评的精神；知识广博、善于学习、取长补短，具备合理的知识结构；行为果敢，志向远大，思维前瞻，眼光敏锐，敢于尝试，乐于行动。

职业意识——文明竞争意识，创新意识，发展意识，信誉意识，风险意识。

职业能力——（1）决策能力：能够科学决策、果断决策，不错失时机；（2）预见能力：具有远见卓识，能洞察内外环境的变化，不拘泥于一时一事，目光长远，有先见之明；（3）开拓能力：积极进取，勇于开拓创新，善于想象，把设想化为行动，不断开创新局面、拓展新市场；（4）组织能力：知人善任，正确指挥，善于调动员工的积极性，发挥员工的聪明才智，善于沟通，具有统御和控制能力，具有威信与权威，合理配置资源；（5）表达交往能力：擅长表达，以理服人，以情感人，具有良好的沟通协调能力，亲和员工，与社会各界和谐相处；（6）自省能力：善于反思，及时总结经验教训，不断超越、完善与提升自己。

• GE 何以成为优秀领导人的摇篮

通用电气公司打造了许多优秀的领导人。《财富》500 强公司中有 168 家公司的 CEO 都曾经在 GE 工作过。

在 GE 的 110 年历史中，共经历过 9 位董事长。GE 的几位杰出领导人欧文·杨、杰克·韦尔奇、杰夫·伊梅尔特，都是从 GE 开始其职业生涯的。GE 给了他们很多机会、培训和挑战，并把他们培养成世界著名的企业家。

GE 培养领导人的成功之处在于：第一，招募杰出人才；第二，创建了强有力的业绩文化，强调业务结果，并创造了一种优良的机制和环境，让优秀人才脱颖而出；第三，强调共享的价值观，注重诚信、业绩和追求变革；第四，提供优异表现的机会，提供富有挑战性的工作岗位和挑战极限的机会；第五，通过有序的程序来进行业绩评估和升迁前景评估，进而奖励最优、淘汰劣者；第六，培训和岗位锻炼紧密结合，相应的岗位有相应的培训，并且是行之有效的能解决实际问题的培训。

GE 以及为数众多的 CEO 们的培养和成长路径大体经历了以下几个阶段：

第一阶段，是进入某一领域的头 5 年。他们很深入地了解这个行业，了解其复杂性，而且在相关的工作中取得了一定的成绩。他们会接受具有挑战性的工作，培养新的能力和自信心。公司为他们提供早期的领导机会。

第二阶段，是进入本行业的 5~15 年。此时他们已有了对一个团队的管理经验。这一阶段的培训项目包括"新经理发展课程"、"中级经理课程"以及管理技术、策略和技巧等，为他们提供范围广泛的有关公司整个业务的作业和任务，培养他们跨越职能部门处理问题的能力。

第三阶段，使他们成为该机构的决策者。这一阶段他们已经对工作负有全权责任，同时已有了广泛的个人关系网络。设置"高级经理发展课程"、"商务管理课程"、"高层管理人员发展课程"，还用顶级培训项目等培训方式来帮助学员和自我发展。

四　企业家是企业文化落地的指挥官

● 领导模式与经理职责

美国管理学家李克特将企业管理的领导方式归结为四种：

1. 专权独裁式。最高一级管理者作出决策，设置企业目标，然后下达命令强制执行；下级被恐惧和不信任笼罩，连生理和安全需要也得不到满足；常激起非正式组织对企业目标的反对态度。

2. 开明独裁式。实权在最高一级，但授予中下层部分权力；上下级之间有一种类似于主仆间的信任，相互交往是在上级屈就和下级畏缩的气氛中进行的；非正式组织可能反对企业目标，却不一定反对企业领导。

3. 协商式。重要问题的决定权在最高一级，次要问题的决定权在中下层；上下级之间有双程信息沟通，大致能互相信任；非正式组织对企业目标有时支持，有时进行轻微的对抗。

4. 参与式。决策以各部门广泛参与的形式进行，最后由最高领导拍板；上下级之间完全信任，地位平等，有问题通过民主协商解决。李克特认为，前两种管理模式过时了，只有依靠民主管理才能调动人的积极性。

在管理学史上，巴纳德第一个谈到总经理的首要职责就是塑造和管理好组织的共有价值观。他说："一位领导者的作用，只不过是利用组织中的社会力量来塑造出一定的价值观，并加以引导罢了；杰出的经理就是良好价值观的塑造者，这是杰出经理和一般经理的区别，一般的经理只会运用正规的奖酬制度，一心只顾狭隘的近期效益。"巴纳德还谈到，要想确定组织的价值观和目标，得更多地依靠经理们的身教而不是言传，"目标的确定主要靠的是行动的积累，而不是言辞的堆砌"。① 关于经理的基本职能，巴纳德认为有三个：一是提供信息交流系统；二是促使人们作出巨大的努力，既要使人们愿意献身于组织的

---

① 转引自〔美〕托马斯·J·彼得斯、小罗伯特·H·沃特曼《成功之路》，第124页。

目标，同时还要对非正式组织进行积极的管理；三是拟出和确定目标，使之能为一切同心协力作出贡献的人们所接受，从而能使目标切实有效。

● 赢在执行

执行力不强的企业，其员工往往具有这样的特点：对执行偏差没有感觉，也不觉得重要；个性上，不追求完美；职责范围内，不主动承担责任处理一切问题；对"要求标准"不愿也没有能力坚持；不愿意发现问题、思考问题和解决问题。

在这些特点背后，往往存在这样的现象：

一是没有形成积极的执行力文化氛围。精准执行的理念仅仅停留在表面宣传上，短时间的学习或训练造就不出一支执行力强大的员工队伍。

二是部分管理者的综合素质不高。工作规划性不强，资源与时间分配不尽合理，只扮演"二传手"、"甩手掌柜"的角色，对工作不能指导、掌控、协调、把关。

三是监督考核不力。监督检查机制不完善，或太过简单缺少具体的考核标准，或太过繁复失去实际操作的空间，以致将制度束之高阁，无法发挥激烈约束的功能。

执行力的关键在于领导班子和中层干部，领导班子和中层干部应将执行力的培养看做动态渐近的过程，对执行中遇到的困难和问题不断加以调整以提高执行的有效性。

一是沟通。沟通是执行力提升的基础，公司领导应与员工进行坦诚的交流和沟通，建立良好的汇报方式与习惯，通过沟通与反馈了解工作中存在的问题并及时处理。

二是以身作则。执行力文化的关键在于最高领导者，在于最高领导者身边的执行力强的管理团队。领导层的以身作则能产生示范效应，为企业员工所效仿；同样，不良的工作习惯与工作方式也会为员工陋习的养成提供范本，最终形成理念与行动相悖的企业文化。

三是管理制度。执行力文化需常抓不懈，并应建立一套合理可行、具有针对性的严谨的管理制度。制度应保持合理的连贯性、一致性，完善制度更应注意新老制度对不同利益诉求群体的公平合理性，不能朝令夕改，使员工无所适从，增加机会风险，影响员工的热情与积极性。

四是监督考核机制。执行文化的落地需要相适应的监督考核机制。

第六章　社会责任：传递企业 文化的力量

有人从伦理学的角度研究企业与社会之间的关系，认为"企业会在其存续的过程中与各种群体结成形式不一的伦理关系。厘清诸多伦理关系，从而履行各种伦理关系所要求的相应规范，企业也就履行了自身的社会责任。①"是否能够较好地履行社会责任是企业文化的重要组成部分，其履行效果直接反映出企业文化的成败。国有企业在履行社会责任的过程中肩负着社会给予的更多的期望，也接受着更多的监督和约束。

一　解析企业社会责任："责无旁贷" 还是"锦上添花"

● 企业与生俱来的社会属性

企业是什么？企业与自然人以及其他形形色色的组织共同构成了

---

① 戴荣里：《论现代企业伦理关系与国企社会责任》，《玉溪师范学院学报》2010 年第 2 期。

社会活动的主体。从通常意义上理解，企业区别于其他社会主体是其独特的经济属性，作为法律意义上以盈利为主要目的的法人，通过经营活动赚取资本回报是企业存在的根本。因此，企业往往被贴上"唯利是图"的标签，并堂而皇之地认为该特质乃天经地义。即便如此，企业就可以打着"唯利是图"的旗号不择手段地进行一切社会活动吗？显而易见，答案是否定的。

企业的营利性目的，必须通过采购、生产、销售以及服务等一系列活动来实现，在通往企业利益最大化的道路上，企业与政府、供应商、消费者、员工甚至是竞争对手不可避免地发生千丝万缕的联系，使企业"唯利是图"的本性不得不纠缠于各种复杂的关系之中。这正是企业与生俱来的社会属性。作为社会活动的参与者，任何企业，即便以追求经济利益为唯一目的，也必须在追求这一目的的过程中，暂时掩盖或放弃赤裸裸的经济利益，妥协于理顺和处理种种纷繁复杂的关系。比如对政府，企业必须依法合规经营，按时纳税；对消费者，企业必须提供品质优良的商品和服务；对供应商，企业应当履行合同义务；对竞争对手，企业应当保证公平竞争；对员工，企业应当维护其合法权益。

• "责无旁贷"的社会责任

2008年汶川大地震，震动了每个中国人的神经，随着抗震救灾工作的推进，各类社会组织的捐款和救助铺天盖地地涌向灾区，这其中，除了老百姓慷慨解囊施以援手，以及社会公益组织履行自身职责外，更大部分的捐赠主体是各类企业。国有企业、外资企业、民营企业在一轮轮声势浩大的捐赠活动中竞相登场，向灾区奉献着自己的力量，也向社会昭示着企业的社会责任感，由此给企业带来的是良好的道德声誉和正义形象。企业社会责任这个话题越来越多地进入人们的视线。由于慈善活动过多地充斥着人们的眼球，以至于很多人认为企业的社会责任就是做公益和慈善活动，如发起或参与抗震救灾、捐款捐物、救助社会弱势群体。

基于这种认识，人们对社会责任也有着种种理解。一种观点认为，履行社会责任是可有可无的行为，有能力承担社会责任，对企业来说是锦上添花，如果没有能力就没有必要承担社会责任。还有一种观点认为，履行社会责任是国有企业的事，国企履行社会责任是理所应当的，对外资和民营企业来说履行社会责任是完全自愿的行为。事实果真如此吗？让我们来厘清社会的责任应有的定位。

社会责任不等于慈善

企业是社会活动的经济主体，其与生俱来的社会属性决定了企业与社会其他主体的权利义务分配，面对方方面面的社会关系主体，企业不得不履行作为各类角色应履行的义务并承担相对应的责任。如作为我国国有投资控股公司典型的国家开发投资公司宗旨是："为出资人，为社会，为员工。"

● 为出资人：是根据国家经济发展战略、产业政策和区域规划的要求，主要从事实业、服务业和国有资产经营等活动，并通过资本经营与资产经营相结合实现国有资产的保值增值，在国民经济发展和国有经济布局结构调整中发挥独特作用。

● 为社会：是依法经营，诚实守信，节能降排，安全环保，扶贫济困，构建和谐企业与和谐社会。

● 为员工：坚持以人为本，建立完善投资控股公司员工职业生涯管理体系，吸引人才、培养人才、激励人才和留住人才，尊重员工价值，挖掘员工潜能，强化员工合力，创造一流管理团队，促进公司和员工共同发展。

可见，企业的社会责任绝不仅仅是公益和慈善行为，而是为实现营利性目的，在处理与员工、消费者、客户、供应商、竞争对手等利益相关者以及自然环境的关系过程中所承担责任。社会责任是多维度的。

社会责任不是可有可无的

从企业承担对利益相关者的责任角度来说，凡是从事经济活动的企业，均要与社会方方面面发生联系，必然应当履行相应的义务，承担相应的责任。否则将无法实现创造利益、取得资本回报的目的。因此，履行社会责任不以企业的意志为转移，愿意也好，不愿意也罢，社会责任与企业的社会属性一样是与生俱来的。如果否定和回避，必将受到制裁和惩罚。

社会责任不是国有企业的专利

任何企业，只要与社会发生关系，社会责任就成为不可避免。那种"国有企业履行社会责任理所应当，民营企业履行社会责任是道德高尚"的观点是有失偏颇的，这种观点建立在对社会责任的曲解，以及对企业履行社会责任正当性的误解基础上。社会责任不是国企的专利，对于任何企业来说并非锦上添花之举，而是责无旁贷的作为，依法履行各项社会责任成为企业实现盈利目标并保持可持续发展的保障。

● 社会责任传递企业文化的力量

企业履行社会责任是企业文化在社会领域的写照，社会责任承担的背后，是依法合规、诚实守信、勇于担当等优秀企业文化的支撑。社会责任的履行源于良好的企业文化，也将优秀的企业文化推广开来，去影响他人、影响利益相关方、影响社会。

2007 年 9 月，国泰基金管理有限公司携手中国教育发展基金会，启动"红蜡烛助教计划"，通过员工捐款、爱心拍卖等形式，向贫困地区提供助教款、建立红蜡烛图书馆和多媒体教室，并组织员工到甘肃迭部、湖北红安等地开展结对帮困助教活动，取得了良好的社会反响。作为国内首批规范成立的基金管理公司之一，国泰基金用实际行动践行企业文化，实现对社会的承诺。国泰基金公司总经理金旭曾这样寄语"红蜡烛助教计划"：文化是根植于内心的修养，是不用提醒的自觉，是以约束为前提的自由，是为别人着想的善良。这是一位现实主义作家的表述。我深深认同并愿意提倡和推广。国泰基金红蜡烛就是文化传播的载体，希望能在把红蜡烛传承的同时，我们自己也更像一个有文化的人，通过我们的努力，这个社会、国家、民族不仅仅只拥有最大的外汇储备和居民储蓄，还有影响深远的文化。"

可见，履行社会责任影响的不仅仅是企业和员工，更重要的是，让他人感受到企业文化的力量，进而影响他人、影响社会。

二 社会责任是企业"负担"还是"福利"

• 还原社会责任的本来面目

社会责任到底是什么？包含哪些方面的内容？从一则震惊国内外的食品安全事件，我们可以作一个梳理。"三鹿"乳业集团生产的奶粉含三聚氰胺成分导致众多婴幼儿患上尿路结石事件曾在社会上引起了轩然大波。"三鹿奶粉"危机爆发后，三鹿集团陷入破产的境地，更严重的是此事件波及国内所有乳制品行业的奶粉、液态奶和相关产品，使得整个中国国产乳制品陷入空前的信任危机。人们清醒地看到，企业不负责任的行为，对消费者、社会、国家及企业本身造成了严重的伤害。对消费者而言，三鹿集团没有履行安全生产、提供符合质量标准产品的义务；对政府而言，三鹿集团违规向奶粉中添加三聚氰胺，违反了国家法律法规的规定；对股东而言，三鹿集团的破产无法为股东的投资提供应有的回报；对员工而言，三鹿集团破产导致大量员工失业，对于这种种损失，都是三鹿集团未履行社会责任所造成的严重后果。因此，对企业而言，社会责任是全方位且相互联系的。

企业社会责任最早由西方国家提出，是指企业在创造利润、对股东利益负责的同时，还应对员工、消费者、客户、供应商、债权人、竞争对手等利益相关者以及自然环境承担责任，包括遵守商业道德、保护员工合法权益、安全生产、保护环境、节约资源、热心社会公益事业、帮助弱势群体等，以求得企业自身和社会的可持续发展。社会责任主要体现为以下几个方面：

● 股东责任：对股东的资本回报，股东资金的安全性，投资者关系管理。

● 客户责任：提供符合质量标准的产品或服务，通过适当研发投入支持产品服务创新，产品质量管理以及客户关系管理。

● 伙伴责任：战略合作关系维护，共享机制与平台，公平竞争理念和制度保障。

● 政府责任：符合国家宏观政策，依法合规经营，按期纳税，提高社会就业率。

● 员工责任：员工合法权益维护，劳动保护，民主管理、员工培训、员工心理健康教育，困难员工救助。

● 安全责任：安全生产，应急管理，安全教育与培训。

● 环境责任：环境保护，节能减排。

- 慈善责任：对社会弱势群体进行救助，救灾济困。
- 社会责任也是一种"投资"。

社会责任涉及企业生产经营活动的方方面面，看上去纷繁复杂，企业履行社会责任增加了企业不必要的"负担"吗？有人将承担社会责任视同企业获取利润所必须支付的代价，更积极的看法是，将承担社会责任看做企业的"投资行为"。投资的意义在于通过投入和累积以求在未来得到收益。那么这就意味着，企业履行社会责任的行为，为企业所带来的收获将大于其付出。

通过履行社会责任，企业可以获得内部和外部利益相关者的认可，维护和保持相对稳定的内外部关系网络，并更多地积累社会资源，为企业的可持续发展创造良好的环境。日本学者后藤俊夫列出了一些长寿企业的特征，其中有四条都涉及企业社会责任，包括：提供优质品牌商品；优秀的业绩；得到利益相关者的尊敬；重视社会责任与慈善事业。观涛国际企业顾问公司执行总裁方旭建认为，企业就必须像管理其他企业资产一样，对自身的"社会责任"进行管理。这种管理体现在通过明确企业战略和定位，清晰地制定企业所应该承担的社会责任的执行标准，在整个企业供应链的上下游之间，任何一个环节"不负责"都会影响全局。因此。企业社会责任的重视与疏忽往往会给企业带来完全相反的结果。

成立于1909年的英国石油公司是世界上最大的石油和石化集团公司之一，其核心理念之一是"不只生产石油"，作为能源企业的常青树，曾经认真地实践着社会责任。在广州白云机场铺设石油管线的过程中，为了保护5000棵树不被破坏，英国石油公司放弃了高效率的机械施工，一个关注环境与社会和谐、勇于承担社会责任的企业形象跃然而升。然而，2010年，美国墨西哥湾发生石油泄漏事故，浮油面积日益扩散，甚至面临引发大西洋生态灾难的危险。钻井运营方英国石油公司面临美国政府和国际舆论的强大压力，有分析称该公司将至少损失 30 亿美元，原本要在美国其他海域新开钻井平台的计划也将受到影响。英国石油公司发言人托尼·海沃德表示"我们对泄漏承担全部责任，会负责把它们清理干净，以及满足人们因蒙受损失而提出的索赔要求。"

可见，是否能够较好地履行社会责任，决定着企业运营的成败。衡量一个企业是否优秀并长久发展，不仅要看其盈利水平和业务规模，还要看其履行社会责任的情况。"企业履行社会责任已经不仅是社会对企业的期望和要求，而且日益成为企业提升管理水平、打造竞争优势、实现可持续发展的重要手段和途径，成为跨国公司之间继价格、质量竞争之后新一轮国际竞争的标志。[①]"

三 国有企业：社会责任的表率

• 社会与政府引导下的社会责任

目前，国际社会越来越重视企业社会责任的履行。美国《财富》和《福布斯》两本商业杂志对企业排名的评比中都加入了社会责任的指标。如《财富》杂志主要采用了 6 个标准，包括是否与利益相关者建立了沟通机制、公司治理结构上如何保证、企业战略上是否把责任也纳入了规划、绩效上是否也考虑了责任、披露是否透明及时以及是否有第三方的监督。在这 6 个标准中，中国企业与国外，特别是欧洲

---

① 王冬年、文远坏：《解析国有企业的社会责任》，《河北经贸大学学报》2009 年第 5 期。

企业有很大的差距。

　　功利主义和唯利是图往往在迅速扩张企业中表现得淋漓尽致。随着中国经济的迅猛发展，中国企业处于一个急功近利的时代，中国企业应当如何处理与社会的关系？如何协调承担社会责任与企业价值最大化之间的关系？企业应当承担哪些社会责任？在我国，还是一个需要认真研究的课题。

　　近年来，我们越来越多地看到，企业社会责任的缺失所造成的严重后果。英国康菲公司石油泄漏、三鹿毒奶粉事件、陕西煤矿漏水事故、富士康公司员工跳楼悲剧，一系列损害消费者利益、破坏环境、忽视安全生产、无视员工身心健康的行为，表面上损害的是受害群体的利益，但这些行为在给企业造成巨大损失的同时，从根本上动摇的是企业可持续发展的根基。

　　随着我们国家经济的快速发展，经济增长模式的转变、产业结构的调整和以人为本理念的日益根深蒂固，对企业承担社会责任的要求也越来越高。政府日益意识到认真履行社会责任对于企业的重要性，从各个层面加强了对企业履行社会责任的要求。党的十六届六中全会决定明确指出，要着眼于增强公民、企业、各种组织的社会责任。党的十七大报告更加强调，大力弘扬爱国主义、集体主义、社会主义思想，以增强诚信意识为重点，加强社会公德、职业道德、家庭美德、个人品德建设，发挥道德模范榜样作用，引导人们自觉履行法定义务、社会责任、家庭责任。这里的人们既包括自然人（公民个人），也包括法人和其他组织。在2006年的中央经济工作会议上，胡锦涛总书记就明确指出："要引导企业树立现代经营理念，切实承担起社会责任"；2007年12月29日，国资委发布了《关于中央企业履行社会责任的指导意见》；2008年6月，国务院国资委研究中心与人民论坛杂志社联合举办了国有企业改革发展与企业社会责任论坛，该论坛是我国国内首次以国有企业社会责任为专题的论坛。

除政策层面的呼吁和要求外，借助 2005 年公司法修订的契机，国家将企业社会责任上升到了法律层面。2005 年 10 月 27 日修订通过的《公司法》在第 5 条中旗帜鲜明地对公司承担社会责任提出要求："公司从事经营活动，必须遵守法律、行政法规，遵守社会公德、商业道德，诚实守信，接受政府和社会公众的监督，承担社会责任"。有学者指出，"这是我国社会主义公司法的一大特色，也是我国立法者对世界公司法的一大贡献。[①]"

• 社会责任，国企对国家和公民的社会承诺

在社会责任这一概念在我国日益盛行的今天，从整体而言，我国企业普遍存在社会责任意识缺失、承担社会责任效率不高的问题。既然社会责任不是国有企业的专利，为什么我们在媒体上看到的总是国有企业饱受诟病？舆论的矛头为何总是不约而同地指向国有企业？这是由国有企业自身的性质所决定的。"一个企业之所以会被全社会指责为一个不履行社会责任的企业，其深层次的原因是同样的，那就是这个企业在既有的制度框架下对其责任的自我认知与社会期望在客观上出现了冲突。[②]"社会对国有企业在承担社会责任方面的期望又是从何而来呢？

在任何经济体制的国家中，都会或多或少地存在国家所有或实际控制的企业，我们权且都称它们为"国有企业"。国有企业是为实现某

---

① 刘俊海：《自觉承担社会责任是在全球金融危机背景下增强公司核心竞争力的重要方略》，《法制论坛》。

② 黄速建、余菁：《国有企业的性质——目标与社会责任》，《中国工业经济》2006 年第 2 期。

些经济目标和社会政策目标而产生的一种特殊的企业组织形式，国有企业天然地被赋予一定的社会政策目标，国家建立国有企业就是为了实现市场机制本身不能达到的，而且政府也难以用其他的间接干预手段来实现的、超越利润之外的某些社会政策目标。因此，国有企业的社会责任，是作为国家代表公众利益参与经济和干预经济的有效手段，是国家参与经济活动、弥补市场缺陷的一种手段。以帕森的观点看来，一个国家的社会经济体制，从根本上决定了国有企业的历史使命、存在意义和应尽的社会承诺。

国有企业作为经济活动主体和国家政策工具的综合体，与生俱来地既带有一般企业所具有的经济功能，又在为实现国家政策目标而努力。因此，在国有企业的身上，人们总是可以同时看到两股力量：一股是经济的、实用主义的经济因素所决定的力量，产生了国有企业的经济性目标；另一股是处于非经济的、政治或意识形态因素决定的力量，产生了国有企业的非经济性。两种力量在国企日常的经营活动中交织，很难分辨清楚严格的界限。

第一种力量决定了国有企业追逐利益、寻求价值最大化的经济目标。任何一个政府通过设立国有企业谋取经济利益的愿望无可厚非。国有企业依托天生的垄断性资源所获取的高额利润，是政府的重要财政收入来源。这一点不仅在社会主义经济体制下如此，在很多发达国家，国有企业不断涌现，也常常是出于政府创收的考虑。像美国等许多地方政府，经常为拮据的财政支出所困扰，因此，他们经常会有很高的积极性去创办州立或市属政府企业，从城市基础设施和交通运输等领域获取高额利润，作为政府的财政来源。

第二种力量决定了国有企业执行政府职能的非经济目标。有学者将其界定为国企行为的不经济性。"这种不经济性是指在一个可计量的时间段里，国有企业在使用一定数量的国家信用、资本、人才及其他社会资源后，却无法获得与这些资源的市场价值相匹配的经济收益。①"如中信房地产股份有限公司近年来参与建设的保障性住房开工面积达88万平方米；中信信托有限责任公司探索信托支持保障性住房建设模式，投入江苏、内蒙古、辽宁等地保障性住房信托资金规模达32亿元。国有企业开展种种非经济目的的活动，是为了实现国家在更长远或更广阔空间中获取经济性利益或社会性利益。

因此，国有企业独特的双重属性决定了国有企业除承担一般企业理所应当地承担的社会责任外，为国家分担推动经济发展、调整收入结构、引导产业升级和加强社会管理等职能，也是国家和社会对国有企业的预期。这是理解国有企业承担社会责任的重要基础。

● 国有企业的社会责任

理解国有企业的经济和非经济目标，可以帮助我们更准确地界定国有企业所承担的社会责任。如前文所述，国有企业处理对股东、政府、消费者、员工以及社会和环境等方面的关系又体现为什么样的社会责任呢？诸多学者展开了对国有企业社会责任的研究，有的学者将其归纳为十大社会责任。事实上，国有企业作为承担经济和政治双重职能的特殊经济组织，其处于多重社会关系当中，很难穷尽其所应承担的所有社会责任，我们不妨对其作个简单的分类，以有助于更好地理解国企社会责任的内容。

经济责任

国有企业的经济责任是由其经济属性所决定的。作为企业，为投

---

① 黄速建、余菁：《国有企业的性质——目标与社会责任》，《中国工业经济》2006 年第 2 期。

资者创造价值，使资本获得升值是企业作为经济组织存在的根本要义。国有企业的投资者是国家，国有企业经营的资产称之为国有资产，"确保国有资产的保值增值"这样一句耳熟能详的短语道出了国有企业经济责任的根本。不难看出，这里面有两层含义，一是国有资产保值，即确保国有资产安全，不面临损失的风险；二是国有资产增值，即确保国有资产运营带来相应的收益，使国家投入到企业中的资本获得回报。为实现国有资产保值增值的目的，国有企业需要生产或提供合格的产品和服务给消费者或客户，消费者和客户的认可这是企业获得利润来源的前提，也成为实现国有资产保值增值的基础。

国家责任

国有企业成立的本源决定了国有企业承担国家责任是责无旁贷的"份内之事"。国家责任的承担在一定程度上体现了政府职能的属性。

一是国有企业是国家宏观经济政策坚决的执行者，通过国有企业的经济活动，引导国民经济向符合国家政策和战略意图的方向发展，实现资源在全社会范围内的优化配置，带动国有企业相关上下游产业的良性发展。

二是国有企业是国家技术创新的引领者。通过技术革新等手段推动技术创新，调整产业机构升级，为经济发展提供基础性服务。如中信重工机械股份有限公司拥有发明专利的"纯低温余热发电技术工艺装备"技术达到世界先进水平，占国内余热发电市场份额超过 50%，对实现资源充分利用起到重要作用。水泥窑消纳城市垃圾技术投入应用后可变废物为替代燃料，大幅度节约能源，将在一定程度上降低城市垃圾填埋或焚烧对环境的不利影响。这些技术进步的取得，离不开过国有企业有目的的科研力量的投入。

三是国有企业是国家战略意图的实现者。控制国民经济命脉及涉及国计民生的重要领域，保障国家经济、政治和军事安全，维护民生利益。

四是国有企业是国家重要政策目标的保障者。国有企业可以通过促进就业，维护社会稳定。

法律责任

从法律的角度讲，对国有企业法律责任承担与其他企业相比没有本质要求，但就法律责任的履行角度，国家和社会对国有企业有着更高的期待和要求。国有企业的一切经营活动都应当遵守各项法律法规，合法经营，依法纳税；遵守劳动合同和劳动保护要求，维护员工的合法权益；加强环境保护，提高资源利用效率；提供合格商品，保护消费者的合法权益。国有企业违反法律责任的行为，所付出的代价往往是惨重的。作为一家国有控股的企业，哈药集团在业内以黄金时段广告投放为显著特色的哈药模式至今仍是医药营销的典型范例。2011年6月5日"世界环境日"，哈药集团制药总厂废水、废气和废渣违规排放被曝光。相关报道中甚至指出，哈药总厂产生的"废渣直排河流，硫化氢废气超标千倍"。一家年销售额上百亿的制药业巨头，宁愿一年花5亿元巨资做广告，也迟迟不根除困扰周边居民多年的环保问题。这一事件令哈药集团陷入严重的信任危机，不仅广告所营造的企业形象成为笑柄，企业多年积累的声誉也毁于一旦。

公益责任

如前文所述，慈善责任不是国有企业的专利，但作为国家所有的经济主体，在国家遇到灾难、社会出现需要救助的群体时，国有企业积极参与社会公益事业，已经成为国有企业社会责任不可分割的一部分。国家从法律和政策层面不断出台有关企业履行社会责任的要求，国资委要求中央企业定期编制社会责任报告，可见，公益责任的履行情况已成为综合评价国有企业综合实力的重要指标。然而，面对国有企业首当其冲充当慈善家的角色，社会上有着不同的声音。有人认为，国有企业作为国有资产的委托经营者无权支配国有资产用于慈善活动，国有企业在慈善捐款中的慷慨解囊之举，是企业沽名钓誉的行为。面对这些指责，国有企业履行社会责任的方向和途径成为热议的话题。

● 社会责任成就企业核心竞争力

履行社会责任是企业核心竞争力的重要内容。

甘南藏族自治州迭部县，地处甘肃南部，著名景区九寨沟的北面，这里有红军长征途经的若尔盖草原，也有国家地理评选出的美丽山峰扎尕那，然而因交通不便，这里的经济发展仍处于较低的水平，行走在山间，随处可见的是简朴并稍显破旧的民居，然而峰回路转处，你会发现一座崭新的建筑——乡中心小学在这其中分外显眼。这是国家电网公司在全国援建的爱心希望小学中的一所。国家电网自 2006 年起，共援建 200 所像这样的爱心希望小学，分布在全国 29 个省。爱心希望小学的援建是国家电网积极履行社会责任的一个写照。

国家电网在国有企业履行社会责任方面充分发挥其广泛的社会影响力和强大的产业带动力，充当了领跑者的角色，先后发布我国企业首个企业履行社会责任指南、首本企业绿色发展白皮书、首个企业价值白皮书，率先提出奥运社会责任、全面社会责任管理等理念，率先创建社会责任理论模型，率先开展全面社会责任管理四级试点。自 2006 年起，每年发布社会责任报告，系统阐述社会责任的履行情况。2009 年，国家电网成立我国能源行业首个公益基金会——国家电网公益基金会，将所属各单位大额捐赠纳入基金会统一管理，建立了公益资源的集团化运作平台。正如国家电网 2011 年度社会责任报告所阐述的那样："因为电，我们相联；因为电，我们有责任。"国家电网以负责任的态度对待每一个利益相关方，致力于打造"一个负责任的可靠可信赖的国家电网公司"的企业形象。

国家电网通过全面履行社会责任，并保持与社会的良好沟通，为国有企业履行社会责任作出表率，实现了企业内外部环境的和谐发展，成为了国家电网的核心竞争力，也为国家电网带来了丰厚的效益。2010 年，国家电网名列《财富》世界企业 500 强的第 8 位，成为全球最大的公用事业企业。

四　国有企业社会责任"尺度论"

● 履行社会责任也需要"委托代理"

国有企业是国家的企业，特殊的所有权性质决定国有企业在履行社会责任方面的身不由己。在解释中国企业在美国《财富》和《福布斯》两本商业杂志评选中社会责任指标与欧美企业差距的问题上，著名社会经济学家茅于轼先生指出："国营企业的资本是国家的，而不是个人或者股东的，或者说不完全是个人或股东的。因此，在行政关系上，就不允许这些企业用国家的钱，或者说是人民的钱自主地进行捐助等慈善活动，这是一个制约。其次，作为能源企业有国家战略上的要求，毕竟在能源这个领域中，国家政策和战略与市场还不能完全分开，因此，信息披露透明等问题对于能源企业来说又是另外一个制约。所以，中国企业在这个排行榜中名次较低，这并不完全是企业问题，而是因为它们的企业治理结构所导致的。"茅先生的这段话一方面阐明了国有企业社会责任指标落后的原因，另一方面也从侧面解释了为什么国有企业在抗震救灾和社会救助工作中的捐助行为屡遭诟病。国有企业是否应当在社会危难面前"见义勇为"，国企慷慨解囊的行为是否是拿着国家的钱"沽名钓誉"？这里面就涉及下面将要讨论的两个重点，即国有企业履行社会责任的"尺"和"度"的问题。

● 尺的把握——完善决策、明晰权责

国有企业往往以制度健全和流程规范著称。国有企业的经营管理活动都应当有严格的决策流程，履行社会责任的行为也不例外，决策即是国有企业履行社会责任的依据。这种决策不仅把握企业经营活动是否可以实现国有资产保值增值，而且也把握企业发展方向是否符合国家宏观经济政策，更重要的是，把握国有企业的各种行为是否依法合规，明确国有企业参与社会公益事业的具体方式。通过决策机制，避免把政府行为转化为企业的社会责任。某地国资委曾经举办系统内企业履行社会责任座谈会，会上有代表指出：国有企业履行社会责任要明细履行社会责任的义务，也要明确自身的权利。即使在应对突发公共事件时国有企业常常不计成本的投入，但这种"先打仗、后算账"的战略部署也并非无往不利。因为无法明确企业的权利，在具体操作中，面对出现的矛盾和非议，企业往往无法很好地协调和解决。因此，完善决策流程、明确权责，是国有企业履行社会行为的重要依据和保障。

● 度的把握——"有限"的社会责任

国有企业履行社会责任不是漫无边际的。

一方面，国有企业履行社会责任可以与自身主营业务相结合，发挥专业特长，因为拥有相关的资源和经验，做起来更加专业，能够取

得更好的效果；同时，在与主营业务有关的领域履行社会责任，也有助于在相关领域树立良好的企业形象，从而促进企业的发展。

另一方面更为重要的是，国有企业履行社会责任应当"量力而为"，社会责任不能成为企业沽名钓誉的手段。如果过分地追求社会声誉，反而影响了企业形象，加之国有企业所有者缺位的问题，这种行为更容易遭人诟病。

国有企业尤其是中央企业，作为我国国民经济的顶梁柱，对国民生活的影响日益加深。社会各界对中央企业增强履责意识和履责能力的期望越来越高。中央企业只有充分发挥自身的资源优势，统筹兼顾社会期望和利益相关方的诉求，提升运营透明度，才能增进利益相关方对企业重大决策部署的价值认同和支持程度，才能为企业发展创造良好的社会环境。

第七章 品牌：成就企业核心竞争力

国际奢侈品咨询公司总裁麦喜德先生谈道："中国人总是希望在短时间赚钱、出名，而不愿意花时间用心思，这种急功近利的心理，使他们无法坚持长时间对一个品牌的经营。品牌的塑造是一个积淀和长期的过程，需要企业文化强有力的支撑。"中国品牌果真如此吗？GDP总量已经跃居世界第二的中国如何才能摆脱"贴牌大国"和"品牌小国"的形象？文化是品牌的灵魂，品牌成就企业核心竞争力，打造具有中华文化气质并具有国际影响力的民族品牌，中国企业尤其是国有企业，任重道远。

一 认识品牌

● 品牌的起源

品牌一词来源于西方，源于古挪威文字 Brand，意思是"烙印"。它非常形象地表达出了品牌的含义，即"在消费者心中留下烙印。"人类具有品牌意识可以追溯到公元前的古代文明时期。在古埃及，制砖工人们在建造金字塔的砖石上标上地名，以标示与地理来源相关的砖石强度，此时的地理标志就已经被用作了质量标记。在古希腊出产于萨索斯岛、马其顿地区的 Thasian 葡萄酒每 20 千克售出 20 个德拉克马的高价时，地理标记就成为了葡萄酒的品牌，不仅表示了产品的质量，而且还显现出其作为市场竞争手段的功能。到十六世纪，欧洲的酿酒者正式使用品牌的概念来进行产品的营销。

品牌到底是什么？最直接和浅显的理解是商品的商标，学者和专家给出了更为全面的诠释。

美国营销权威菲利普认为：品牌就是一个名字、名词、符号或设计，或是它们的组合运用，其目的是要使自己的产品或服务有别于其他的竞争者。品牌是存在于消费者头脑中实实在在的印记和选择态度，也是留在消费者头脑中的感觉。

著名的广告大师奥格威认为：品牌是一种错综复杂的象征，它是品牌的属性、名称、包装、价格、历史、声誉、广告风格的整体组合，品牌同时也因消费者对其使用的印象及自身的经验而有所界定。

营销学者陈伟航认为：品牌的价值不是一日形成的。消费者认为越有名的品牌越好。品牌会渗透人心，因而形成不可磨灭的无形资产……品牌资产的妥善运用，可以给企业带来无穷的财富。

《中国名牌》杂志编辑部这样描述品牌：品牌象征着财富，品牌标志着身价，品牌证明着品质，品牌沉淀着文化。品牌产生神奇效应，品牌引导时尚，品牌激励创造，品牌装点生活，品牌是挡不住的诱惑，品牌是写不完的史诗。

• 文化成就品牌的灵魂

从上述对品牌的诠释不难看出，品牌是一个名字、一种符号，它体现的不仅是产品或服务的质量、技术、价格、特征，更重要的是，它彰显着区别于其他品牌的特征、风格和文化内涵，以及品牌所代表的产品或服务的历史和文化积淀。因此可以说，品牌是商品的标示，是市场营销的手段，同时也是一种文化。纵观各国以及各个历史时期享有盛誉的品牌，没有哪一个品牌不具备文化的属性。具有良好文化底蕴的优秀品牌，带给购买者的体验不仅是良好的质量、卓越的功能和完善的售后服务，更重要的是一种文化品位，以及心灵上和精神上的享受。因此，一种产品或服务要想打造百年基业，拥有良好文化内涵的品牌是核心要素。由于需求的变更和竞争的推动，绝大多数产品不会长久地被消费者接受。一般而言，产品都有一个生命周期，会经历从投放市场到被淘汰退出市场的整个过程。因此，品牌背后的产品是暂时的。然而，"文化是永恒的，只有文化的，才是经典的——不懂得文化，就做不了好产品，做不好生意。"

品牌让产品或服务超越生命周期。一个品牌一旦拥有广大的忠诚顾客，即使其产品已历经改良和替换，其领导地位仍然可以经久不变。波士顿咨询集团研究了 30 大类产品中的市场领先品牌，发现在 1929 年的 30 个领袖品牌中有 27 个在 1988 年依然勇居市场第一。在这些经典品牌中有象牙香皂、坎贝尔汤和金牌面粉。像我们熟悉的一些海外著名品牌，也都具有经久的历史。如吉列（始于 1895 年）、万宝路（始于 1924 年）、可口可乐（始于 1886 年）、雀巢（始于 1938 年）。同样，我国的不少老字号在今天的市场竞争中依然有着品牌优势，如同仁堂（始于 1669 年）。

品牌让产品具有抗经济危机的能力。2012 年 Brand Z 最具价值全球品牌百强排行榜显示强大的品牌既能推动新业务增长，又能在艰难时局中发挥重要的支柱作用。在 2006 到 2012 年间，Brand Z 百强品牌的总价值上升了 66%，现已达到 2.4 万亿美元。品牌调查公司华通明略的全球首席执行官 Eileen Campbell 说："品牌就是企业的保险单。长期的经济压力、充满未知的政局和各种自然灾害对很多类别的品牌都造成了连续打击，但是各类市场上的全球领先品牌依旧保持着价值增长的势头，支撑并促进了企业的发展。"

品牌的概念比产品本身要广泛得多。它可以随着市场变换加以调整，跟随市场变化和消费进步，通过改进或创新产品，保持品牌个性始终如一。

● 国内外品牌现状

品牌在市场经济的激烈竞争中发挥着重要作用，在经济全球化不断深化的背景下，品牌竞争成为国际市场新一轮竞争的焦点。根据联合国工业计划署统计，占全球品牌不到 3% 的世界名牌，其产品占据全球市场的 40% 以上，销售额占到了全球市场的 50%。从年度全球最具价值品牌调查结果显示，传统的国际品牌持续保持强势，可口可乐、通用、IBM 以及麦当劳，这些历史超过 50 年的品牌在历年的排行榜中始终保持着强劲的表现。随着经济的发展，新兴经济体的品牌意识正日益加强。2011 年，最具价值全球品牌百强榜单上，金砖国家的品牌开始占有一席之地。

中国改革开放 30 多年来，无论是国际上的经济地位和影响力，还是对世界经济的贡献度都在与日俱增。同时在《财富》世界 500 强企业行列中，中国企业也从无到有。2003 年中国大陆企业只有 11 家公司上榜，2011 年中国大陆有 61 家公司进入世界 500 强排行榜，而其中国有企业占 59 家，7 家国企进入前 100 强。但就英国 Interbrand 每年评出的世界知名品牌评价而言，较少中国企业能进入世界品牌前 100 强。这与中国经济总量在世界中的地位是非常不符的。从全球市场来看，畅销的大约 2.5 万个名牌产品中，90% 以上集中在发达和较发达国家和地区。

从消费市场来看，按照波士顿咨询公司的一份调查报告的说法，预计中国将会在 2015 年成为全球第二大消费市场。品牌在中国比在西方更有号召力，中国会因为一个品牌名称而购买一件产品的消费者占调查者的 50%，而美国和欧洲的数据只有 33% 和 20%。在香港，总会碰到北京、上海来的游客，他们并不是为了到香港游玩，更多的是为了买路易威登、古奇、圣罗兰等世界名牌。大部分人为了买几件衣服，往往要积累一年的工资。可问题是，这些西方品牌均产自广州、浙江：一个路易威登的皮包大概是 4000 多元，一件古奇的大衣大概是 9000 元。可一件同样生产于中国的衬衫往往 30～50 元就可以买到，价格大约相差 10 多倍，然而做工、原料都一样。

由此可见，中国人对品牌的追逐与中国自主品牌缺失的鲜明对比，造就了中国成为世界上最庞大的市场，也造就了中国人在境外人均购物过千美元的超强消费力。在这样的诱惑下，世界大品牌如潮水般涌入中国。

二　中国品牌觉醒：不再为他人做嫁衣裳

● 中国制造的尴尬

随着经济全球化的日益深入，我们最直接的感受便是，有一天在世界任何角落的大大小小商品上，随处都可以发现 "Made In China" 的标签，我们成为了当之无愧的 "世界工厂"。当我们可以自豪地告诉全世界，世界经济已经越来越离不开中国的时候，为什么中国人仍然热衷于跑到全球各地买国外的名牌产品？如果你问一个外国人，对中国制造的印象如何？得到回答最多的可能就是"廉价"，就像德国制造给人以"质量好"、日本制造给人以"技术领先"一样，"廉价"这两个字眼不知不觉之间成为了中国制造的另一个标签。大多数的中国制造没有真正核心的技术而言，更多的是模仿。

2011 年，中国成为 GDP 总量位居世界第二的经济体，有超过 200 种产品的产销量居世界第一，中国成为无可争议的"世界工厂"。然而，中国通过辛勤的劳动源源不断地输送到全球各地的商品往往打上国外品牌的标签。由于具有竞争力和美誉度的品牌很少，每年出口产品中拥有自主知识产权的品牌不到 10%。充斥全球并曾一度为国人所称道的"Made In China"仅仅意味着在中国制造。然而，从价值链的微笑曲线来看，中国企业处于微笑曲线的最下端，中国所担任的角色只体现在价值链中间段的加工、组装和制造环节，价值链左右两端的附加价值和盈利水平较高的环节则在品牌所有者的掌握中。有调查显示，价值链两端环节获利占整个产品利润的 90%～95%，而中间环节只有 5%～10%。因此，中国是名副其实的"贴牌大国"和"品牌小国"。这种状况的代价就是，中国不仅为此消耗了大量人力、物力，破坏了生态环境，而且分配到的利益少得可怜，在国际竞争中的利益遭受重大损失。"Made In China"不再是国人的骄傲，折射出的反而更多是无奈。

● 从中国制造到中国创造的路有多远

在奢侈品正像流行感冒一样在城市的各个角落蔓延的今天，一位到上海寻求灵感的设计师彼得·霍华思惊讶地发现，上海外滩 3 号、恒隆广场、时代广场，几乎全部被西方品牌占据，诺大的高档购物中心，几乎找不到上海本土品牌的身影。而唯一的中国品牌"上海滩"如今已经由世界奢侈品巨头历峰集团控股。面对中国制造的尴尬，"中国创造的概念"应运而生，目的是希望中国民族产业有更大精力投入到对自身的技术研发当中，生产出真正拥有自主知识产权的产品。然而，实现对西方品牌的超越，让中国的本土品牌在市场上获得重生绝非一朝一夕之功。很多企业尝试借助洋品牌来实现民族品牌的复兴。

我国自主品牌在面对国外品牌冲击的过程中不断遭受打击和蚕食。国外公司对华竞争策略已逐渐从商品输出、资本输出过渡到品牌输出，为了更好地控制中国市场，国外公司通过与中国品牌合资，大力排挤中国本土品牌。在日化行业，随着宝洁（美）、联合利华（荷、英）、汉高（德）等日化巨头进入中国市场，它们以雄厚资本实力为后盾，以国际名牌产品为诱惑，大打广告战，大批城市消费者在其国际名牌产品的广告诱惑下，纷纷购买外资产品。中国企业在面对自己产品被市场逐渐冷落的尴尬境遇下，想到的不是变革和创新，而是采取合资的方式，希望借跨国企业的技术、资金、人才、营销等优势来增强自己品牌的实力，来达到扩张市场的目的。然而，合资的道路对于品牌塑造来说未必是好的解决之道。脱胎于 1948 年原从事洗衣皂生产的上海白猫（集团）有限公司，到 1997 年已发展成为一个年生产总量超过 30 万吨、销售收入超过 17 亿元的大型国有企业集团。白猫洗涤用品的品牌形象随着广告的推广逐渐深入人心。当外国品牌强势涌入中国市场的时候，白猫集团为增强竞争优势，选择与香港新鸿基中国工业投资有限公司合资。2006 年年初，和记黄埔（中国）有限公司出资 115 亿元入主上海白猫有限公司，上海白猫有限公司更名为上海和黄白猫有限公司。2008 年 4 月，和记黄埔（中国）有限公司对外宣布，对旗下的和黄白猫增资 8 亿元人民币，上海白猫集团将白猫、佳美等品牌作价 2 亿元注入和黄白猫，双方按持股比例共同增资 10 个亿。白猫品牌已经日益成为外资品牌旗下的一个组成部分，我国国有企业一手打造的白猫品牌却渐行渐远。

随着资本实力的日益雄厚，很多企业开始反向收购国外品牌和企业。当我们看到联想收购 IBM 的个人 PC 业务、TCL 合并阿尔卡特、吉利收购沃尔沃时，国内企业让自己强大的方式，不是如何来打造自己的核心竞争力，而是通过一系列的资本运作来快速实现扩张，将西方品牌收入我国企业的囊中。然而，这种做法并没有改变西方品牌的本质，虽然短时间内取得品牌效应放大的效果，但吉利还是吉利、沃尔沃还是沃尔沃，这种有着"急功近利"嫌疑的品牌营销手段，并没有起到彰显民族品牌的效果。

因此，在产品市场激烈竞争的背景下，如何打造真正属于我国自有知识产权的品牌，并且做到百年不衰，成为每一个企业的品牌战略需要认真思考的问题。

● 中国创造的故事

在全球化的今天，"到中国去"的声音越来越强烈，它不仅对海外华人，对西方人同样有着强烈的心理驱动。这是一个外国记者对 2010 年的中国描述："如果你想在全球舞台上有所成就，那么就得学会用普通话说你好、谢谢。"伴随这种想象的是一个红色巨龙的腾飞，因为种种迹象都在表明：航天载人升空、F1 举办、2008 年奥运会、2010 年世博会，世人完全有理由相信——中国可以做任何她想做的事。中国品牌崛起的使命也责无旁贷地落到中国企业的肩上。

面对中国制造的困境，很多企业开始觉醒，作为国民经济的骨干力量，国有企业是参与全球竞争的"国家队"，在品牌建设中自然承担更加重要的职责和使命。一个个中国创造的故事被写入史册。2010 年 9 月 28 日 11 时 37 分，中国国产"和谐号"CRH380A 新一代高速动车组，在沪杭高铁试运行杭州至上海途中，最高时速达到 416.6 公里，再次刷新世界铁路运营试验最高速。这一速度又一次证明中国高铁已全面领先世界。

令世人瞩目的具有自主知识产权的国产化"和谐号"动车组列车相继研发下线，驰骋在高速铁路、客运专线和既有铁路提速线上，下面的数字证明了不断提升的"中国速度"奇迹。

2006 年 9 月 28 日，时速 200 公里国产 CRH2 型"和谐号"动车组在中国南车四方机车车辆公司下线。

2007 年 4 月 6 日，时速 250 公里国产 CRH5 型"和谐号"动车组在中国北车长春轨道客车股份有限公司整列编组下线。

2007 年 11 月 24 日，时速 300 公里国产 CRH2 – 300 型"和谐号"动车组在中国南车四方机车车辆公司下线。

2008 年 4 月 11 日，时速 350 公里国产 CRH3 型"和谐号"动车组在中国北车唐山轨道客车有限责任公司下线。中国也由此成为世界上仅有的几个制造时速 350 公里高速铁路移动装备的国家之一。

2010 年，时速 380 公里的新一代高速列车"和谐号"下线，揭开了中国新一代高速动车组的神秘面纱。

目前，中国已投入运营的高速铁路营运里程达到 7055 公里，居世界第一位。现在中国已经成为世界上高速铁路系统技术最全、集成能力最强、运营里程最长、运行速度最高、在建规模最大的国家。中国高铁作为带动性产业、战略性新兴产业，不仅改变了铁路的面貌，大大加快了中国铁路的现代化建设进程，而且对国家新兴产业的发展和产业结构的优化产生了积极影响，尤为重要的是，高速铁路系统技术的不断进步向全世界证明，中国不再只会追随发达国家一味模仿，在实现"中国创造"的道路上，正演绎着一个又一个奇迹。

三　国有企业品牌之路

● 展现中国文化魅力的金钥匙

品牌作为一种经济现象和文化符号，其功能已远远超越产品或服务本身的质量，而成为推动经济发展和文化进步的无形力量。一个企业品牌美誉的高低，不仅表明其经济实力和市场地位，更重要的是反映了持续发展的能力。一个国家拥有多少著名品牌，既是衡量其经济发展水平的重要标志，也反映了国家的形象和地位。有人将品牌比喻成"一个国家或企业走向国际市场的金钥匙"，打造金钥匙的工作是每一个中国企业的责任，它关乎企业能否基业长青，也关乎国家形象和地位，从更长远看，关乎国民的福祉和幸福指数，涉及我们每一个人的利益。国有企业作为这一工程的骨干力量，其自身的品牌建设直接关系到国家品牌建设的成败。国有经济要在国民经济中发挥主导作用，在民族品牌中必须要有一定数量的有影响的国企品牌。如果说美国人以 IBM、微软为骄傲，法国人以香奈尔为骄傲，德国人以奔驰、宝马为骄傲，日本人以索尼、丰田为骄傲，那么国企品牌应义不容辞地肩负起代表中国人骄傲的重任。

塑造我国国有企业品牌的意义远远不止于令国人骄傲的层面。通过国有企业品牌的塑造，一是有利于促进我国经济发展方式的转变。名牌产品附加值高既可以满足消费者的使用需求，又可以满足其心理需求，从而刺激内需，引导经济向消费需求型转变。二是有利于增强中国产品和服务的国际竞争力。中国制造业发展迅猛，由于缺乏有影响力的自有品牌，大多数国内企业只能在微笑曲线的下端苦苦挣扎。通过塑造国企品牌，可以提升产品和服务的附加值，提高我们在微笑曲线上的高度，以争取到更多的经济利益。三是有利于增强中国民族文化的认同感和向心力。打造品牌并向全世界营销的过程，也是向全世界输出中国文化魅力、价值观的过程，提高中国在国际社会中的影响力和话语权。

● 探索中前行的国企品牌建设

随着市场竞争的日益激烈，品牌建设已经为越来越多的国有企业所重视，国有企业在对品牌的研究与塑造中探索前行。

"专家品质，信赖全球通""神州行，我看行""我的地盘听我的"。这三句为大家耳熟能详的广告语，体现的是中国移动的多元化品牌策略。1994 年刚刚推出全球通的时候是"大哥大"一枝独秀的时代，移动通信市场呈独家垄断的状态。当时"全球通，通全球"的品牌口号，在品牌推广过程中，强调的还只是以业务为导向的功能性品牌。随着国内数字移动通讯市场的不断发展，联通反击和小灵通的兴起，使中国移动市场硝烟弥漫。如何保持客户的忠诚度，吸引更多的客户资源成为中国移动思考的主要问题。中国移动找准了解决问题的根本——差异化的营销策略。经过一次细分市场的充分研究之后，中国移动针对公务人群、基本人群和新新人群分别推出全球通、神州行和动感地带三个客户品牌，针对不同的客户群体施行差异化的品牌推广策略。如全球通针对成功人士和高端用户，以专业化、多元化的营销渠道提供全方位和高品质的服务，满足这类人群有品位、追求自我实现的需求；神州行面对大众客户，以亲切、关怀和大众化为核心，为客户提供简便、快捷和实惠的服务；动感地带针对年轻人群，以新奇、时尚、好玩为主要元素，引领时尚。这一差异化品牌策略收到了很好的效果。中国移动连续 9 年被美国《财富》杂志评为世界 500 强，被《金融时报》列入全球最强势品牌排名第 5 位、全球电信品牌中排名第 1 位，在福布斯中文网发布的中国品牌价值排行榜上，中国移动名列榜首。

中国移动品牌塑造的成功，源于品牌意识的增强和对品牌战略的研究。差异化的品牌策略以及对目标客户的细分，并将文化因素引入品牌宣传中，通过体现对目标客户的关怀，提升了品牌价值，增加了产品的附加值。

● 国企品牌的困惑

国有企业在品牌塑造的道路上并非一帆风顺。

2004 年 3 月，中粮集团通过在所属油脂、就业、巧克力、面粉企业公司名称前统一冠以"中粮"商号，从法律上确定了"中粮系"的架构，为集团勾勒出中粮油脂、中粮酒业、中粮面业和中粮休闲食品的多层次条理分明的品牌体系。然而，庞大的品牌集合系统管理难度提高，中粮集团在品牌塑造和品牌影响力凝聚的道路上还在不断的探索和研究。

在央视"对话"栏目的一次采访中，中粮集团董事长谈到他心目中希望中粮集团作为一个企业的整体形象给人什么样的印象时说道，"希望人们在想起这个商品的时候，就能想起中粮；想起中粮，就能想起中粮旗下有这么多的商品。"然而，在节目现场对观众的调查显示，知道福临门食用油、金帝巧克力和长城葡萄酒这三个大家耳熟能详的品牌均出自中粮集团的人不足 10%。可见，人们对中粮集团的认知，远远少于对附着在具体商品上的各个子品牌的认知。对于已经构建起庞大品牌体系的中粮集团来说，如何协调母品牌的核心价值与各个子品牌的关系，如何对子品牌进行有效的价值整合？成为中粮集团品牌建设道路上的一个绕不开的问题。

在打造强势品牌的过程中，中粮仍然面临诸多困境。中粮主推的福临门食用油品牌，经过多年广告宣传，在广告中始终没有找到一个贯穿始终、个性鲜明的品牌核心价值，而仅仅局限于推销健康好油。就单个产品品牌而言塑造力并不强，品牌的文化内涵并不丰富。再如"悦活"果蔬汁，中粮集团确定了以纯果汁、果蔬汁领域为突破点，稳扎稳打塑造一个高端食品品牌。然而，悦活品牌所倡导的"产地限定、加工全程零添加、产品信息全程可追溯以及支持生态农业"四个口号，没有在消费者脑海中形成聚焦，如此复杂的信息传递并没有收到预期的效果，很多消费者因为相对较高的价格而望而却步。

作为走在国有企业品牌建设前列的中粮集团，尚且因为品牌协同和品牌凝聚力问题遭遇困惑和尴尬，可见，我国国有企业的品牌建设之路任重道远，需要每一个企业踏实地付出，摒弃急功近利的想法，不断积淀和锤炼，方能打造一条真正具有中国特色的品牌之路。

四　打造品牌之路，让世界了解中国

● 品牌彰显民族气质

一个国家的品牌与其民族气质有多少关联？也许没有人能够说得清楚，但一提到德国制造，大家会想到严谨的工艺、悠久的技术；提到日本制造，大家会想到节能、便捷；提到美国制造，大家会想到创新、活力和变革。不能不承认，虽然世界名牌的产品销往全球各地，业务领域跨越国界，但品牌文化却具有鲜明的国籍特征。一个企业的品牌往往打上深厚的本国文化烙印，折射出品牌背后所积淀的民族文化底蕴。品牌作为人类创造的一种文化符号，具有特定的标志意义和丰富的象征性，可以反映不同民族、不同社会、不同时代的文化心理特征。这样看来，品牌建设直接影响到一个国家在世界中的形象也就不难理解了。

中国的历史文化源远流长，其产品文化也都具有几千年的历史。如何对产品、品牌的文化内涵进行深层次的挖掘展示，如何赋予产品、品牌以文化的意蕴，如何利用源远流长的历史文化融入产品之中作为产品销售的卖点和品牌营销的重点，是关系我国众多企业实施品牌文化战略的问题。中国百年老店——北京"同仁堂"，把生产"药"提升到经营"德"的高度。"同声同气福民济世，仁心仁术医病医人"，"炮制虽繁必不敢省人工，品位虽贵必不敢减物力"。他们把经商和做人融为一体，在弘扬中华民族医学传统的同时，充分表现出了中华民族传统文化中的道德价值和人格国格意识。正是这种传统文化风格使创于1669年的"同仁堂"百年不衰，成为中国中药行业受保护的驰名商标，备受中外顾客的青睐。

目前，像同仁堂这样将中华文化植入品牌建设的企业并不多。大多数企业在国际市场上单纯追求以占领市场为目的，忽略了品牌地位的塑造。只重视了产品输出，忽略了品牌概念的灌输、企业理念和文化的灌输。这种情况下，企业打开市场最有效的手段往往是低价策略，国外消费者脑海中中国商品"廉价"的形象也就不足为怪了。当然，我们也看到，越来越多的企业开始重视文化对于品牌塑造的意义。上海奢侈品展是世界品牌云集的盛会，通过在展览过程中的交流，艺术家们强烈地感受到，只有文化才能成就一个品牌的魂，技术不过是表，因此，艺术家们积极尝试将中国传统文化与现代品牌营销相结合。2005 年上海奢侈品展会上，来自中国的奢侈品：水井坊、论道·竹叶青、黄鹤楼、云南·织锦等，正试图把传统文化融入于品牌的营造中。尽管还没有形成世界影响力，但至少已经说明传统文化是逐步被世界接受的。上海奢侈品展有意的中国意识彰显，至少让很多商家看到了中国传统文化的价值通过商品得到激活。这种对中国文化价值的重新认识及对创造力的释放将改变"中国制造"低廉劳动力的世界形象，而融入东方文化的"中国创造"，将开启中国经济新的篇章。届时中国不再是世界工厂，而是东方文化的输送中心。

● 想要有"苹果"，请先培养"乔布斯"

没有谁能够说得清楚是乔布斯成就了苹果，还是苹果成就了乔布斯，但可以肯定的是，乔布斯和苹果是紧密联系在一起的。可以说，没有乔布斯，苹果也许不会是现在的形象。企业家的思维方式、言行举止直接影响着企业发展的方向，以及所生产产品和提供服务的风格和品质。品牌是有性格的，品牌的性格往往与企业家的性格相通，是企业家性格的市场化表现。有观点认为："企业家是品牌文化的第一主题，每一个企业家都有自己的特色和风格，正是这些特色与风格造就了企业与企业之间、同行与同行之间完全不同的品牌文化。"例如"世界船王"包玉刚一向以稳健、谨慎的风格来经营企业，没有十分的把握，他不会冒险经营。他在创业之初就选定了风险相对较小的船运业。他认为只要处理好海情，风险反而成为优势，这是国际性的服务活动，具有广阔的前景。就这样，包玉刚走出了通向船王之路的第一步。回避风险成为他事业成功的重要秘诀。他的这种稳健、谨慎的风格直接影响他旗下的几十家集团、公司，使整个企业所烘托出来的文化处处表现出安全、可靠，处处为客户着想的氛围。这一经营理念反过来又帮助了包玉刚以卓著的信誉、良好的经营风格不断扩大自己的企业王国。由此可见，企业家的特殊风格直接影响和左右着品牌企业文化，使企业形成其独特之点。①

在国有企业现有的制度下，由于强行政监管、强官本位意识、有限任期、市场化弱等制度局限，导致较难产生世界级企业家，也就较难产生世界级著名品牌。国企企业家队伍本身就是国企品牌成长的驱动力之一。纵观世界范围，凡知名成功的企业品牌背后都站着一位关键的成功企业家。企业家的本质是以市场的成功与否作为其事业成功的评判依据，决不会是以行政级别的提升作为其追求的事业目标。这就需要企业家对企业发展、企业品牌资产价值增值的人力资本贡献得以科学地评价，从物质形式到心理肯定都需要有合理的补偿机制。在现代公司治理结构的框架内，国有企业淡化领导人员的任期和年龄，强化经营目标约束与履职能力，才能解决品牌成长或规划实施的持续一致性。国资委已经认识到企业领袖对企业品牌塑造的重要性，在品牌建设报告中明确提出来注重对企业领袖宣传的建议。这一点不能不说是一种理念上的突破。正如韦尔奇是 GE 的领导品牌，柳传志是联想的领导品牌，盖茨是微软的领导品牌。事实证明，企业领袖是企业的无形品牌，为企业领袖提供良好的履职环境，也是国有企业品牌塑造的重要环节。

● 品牌建设不能"急功近利"

1984 年 1 月 1 日，35 岁的张瑞敏上任为青岛电冰箱总厂（后改建

---

① 《中国企业品牌文化战略研究》，中国发展出版社，2007，第 110～116 页。

为海尔集团）的厂长，此时企业已亏损 147 万元，先后换过三任厂长。张瑞敏接过帅印后，以他的胆识和能力对企业进行了改组。他以当众砸烂七十多台不合格产品来教育广大职工要树立强烈的质量意识，坚持质量第一、信誉第一、服务第一，一切对顾客负责。在他的带领下，全厂狠抓质量，加强售后服务，产品在 1990 年获中国家电行业唯一驰名商标。1996 年 6 月 26 日，海尔集团荣获美国优质服务科学协会颁发的五星钻石奖，成为亚洲第一家获此殊荣的家电企业。

文化与品牌的结合需要人的灵感，人对文化的理解程度和情感，直接影响到文化在品牌中渗透的广度和深度。因此，对企业员工的教育成为企业品牌塑造的关键。《日本成功》一书的作者森岛通夫说：企业的发展要通过企业文化的塑造，向企业全体职员渗透经营思想、奋斗目标、价值准则，以使企业职工在认同的基础上为之奋斗。大凡在名牌企业的创立和发展时期，企业都向全体职工灌输企业文化，有规划地发展与完善企业文化，使之成为支撑名牌企业发展的强有力的支柱。

下　篇
走在同一条路上：
企业文化的实践

第八章 价值观：企业文化的核心

企业的价值观区别于企业的物质、财富或经济的观念，根植于社会文化，同时又对社会文化产生影响。在很大程度上，企业价值观就隐含于企业经营思想和管理哲学之后，并构成强有力的企业信念或信仰体系。事实上，企业的创新、文化的特征都是以此为源泉；企业的基本抉择行为规范是以此为轴心加以调整、变动的；企业的存续发展是以此为核心而维系的。

一 价值观和企业价值观

• 价值观

我们先来认识一下价值观。所谓价值观，简单地讲，就是关于价值的观念。它是客观的价值关系在人们主观意识中的反映，是价值主体对自身需要的理解，以及对价值客体的意义、重要性的总的看法和根本观点。通俗讲，价值观其实是在回答这些基本问题："什么事情对我们来说是至关重要的？""我们应该怎样行动？"它包括我们的价值取向，以及我们对评价对象及自身的评价。价值观的主体可以是一个人、一个国家、一个社会，也可以是一个企业。

克拉克洪对价值观作出了经典性定义："价值观是一种外显的或内隐的，有关什么是'值得的'的看法，它是个人或群体的特征，它影响人们对行为方式、手段和目的的选择。在一个个有关'值得的'看法的背后，是一整套具有普遍性的、有组织的观念系统，这套观念系统是有关对大自然的看法、对人在大自然中的位置的看法、人与人的关系的看法，以及在处理人与人、人与环境关系时对值得做和不值得做的看法"。克拉克洪把它称为"价值取向"。具体来说，价值观是一个社会的成员评价行为和事物及从各种可能的目标中选择合适目标的标准。这个标准存在于人的内心并通过态度和行为表现出来。它决定了人们赞成什么、追求什么、选择什么样的生活目标和生活方式，同时价值观念还体现在人类创造的一切物质和非物质产品中。[①]

人们对意义、价值的体验、反思，一旦形成比较持久而固定的总体性意识，也就形成了价值观。每一个积极探索人生的人，都应当拥有自己的人生价值观。因为，一个人只有在具备了比较明确的价值观之后，才能进而去选择其生存形态、行为方式、交往准则乃至自我实现的方向，才能知晓如何在现实生活中判别是非、好坏、美丑和善恶。[②]

● 企业价值观

在现实生活中，无论是个人生活还是企业经营，都普遍存在着价值观问题。具有经济实体属性的企业组织，在经营管理活动中遇到的诸如需要什么、相信什么、坚持什么、追求什么等问题，都与

---

① 陈春花、曹洲涛、曾昊等：《企业文化》，机械工业出版社，2010，第102～103页。
② 陈春花：《从理念到行为习惯：企业文化管理》，机械工业出版社，2011，第83页。

其价值观有着密切的联系。价值观的差异造就了不同企业的文化个性与特征。

企业价值观是企业经营管理者和企业员工共享的群体价值观念。它决定和影响着企业存在的意义和目的，是企业各项规章制度的价值和作用的评价标准，为企业的生存发展提供基本的方向和行动指南，决定了企业全体员工的行为取向。

《企业管理学大辞典》中这样定义："企业价值观是企业经营的目的、宗旨，即企业为什么存在、企业对其价值的评价标准。企业对价值观的评价标准一般有：企业认知价值——真与伪；企业实践价值——经营好与坏；企业行为价值——善与恶；企业艺术价值——美与丑。"

总结起来，企业价值观有以下特点：

1. 价值观是企业所有员工共同持有的，而不是一两个人所有的。

2. 企业价值观是支配员工精神的主要的价值观。

3. 企业价值观是长期积淀的产物，而不是突然产生的。

4. 企业价值观是有意识培育的结果，而不是自发产生的。

企业价值观是企业文化的核心。菲利浦·塞尔日利克说："一个组织的建立，是靠决策者对价值观念的执著，也就是决策者在决定企业的性质、特殊目标、经营方式和角色时所作的选择。通常这些价值观并没有形成文字，也可能不是有意形成的。不论如何，组织中的领导者必须善于推动、保护这些价值，若是只注意守成，那是会失败的。总之，组织的生存，其实就是价值观的维系，以及大家对价值观的认同。"实际上，企业文化是以价值观为核心的，价值观是把所有员工联系在一起的精神纽带；价值观是企业生存、发展的内在动力；价值观是企业行为规范制度的基础。

二 企业价值观的构成与内容

企业价值观作为企业经营管理者和企业员工共享的群体价值观念，是企业全体（或多数）员工一致赞同的、与企业紧密关联的关于"这件事是否有价值"的看法。那么，企业价值观的内部构成及包含内容有哪些呢？

● 企业价值观的构成层次

企业价值观是由多种价值观因子复合而成的，具有丰富的内容。若从纵向系统考察，可以分为以下三个层次[①]：

1. 员工个人价值观

个人价值观是员工在工作生活中形成的价值观念，包括人生的意义、工作的目的、个人与他人、企业和社会的关系以及对金钱、职位、荣誉的态度、对自主性的看法等。这些观念形成了员工在工作上不同的价值选择和行为方式。在现代社会，人们追求低层次需要的满足一般来说不再是难题，他们的主要追求是个性的发展、自我价值的实现，因此现代企业员工的个人价值观呈现出多样化和复杂化的特点。

员工个人价值观是企业整体价值观的基础。因此，如何使员工感到企业是发挥自己才能、自我实现的"自由王国"，从而愿意把个人价值融进企业整体价值当中，实现个人价值和企业整体价值的动态平衡，是当代企业管理面临的一项重要任务。

2. 群体价值观

群体价值观是指企业中正式或非正式的群体所拥有的价值观，它

---

① 陈春花、曹洲涛、曾昊等：《企业文化》，机械工业出版社，2010，第105～106页。

对个人行为和组织行为产生影响。正式群体是那些按计划设置的组织，它的价值观是管理者思想和信念的反映。非正式群体是指企业员工在共同工作的过程中，由于共同的爱好、感情、利益等人际关系因素而自然结成的一种"联合体"。在这种"联合体"内部，各成员配合默契、行动一致，自觉或不自觉地影响着企业的组织行为和风气。非正式群体是在一定的主客观条件下产生的，条件发生改变，这个群体就有可能解体或转型，甚至可以转化为企业的正式群体。

企业中的各种非正式群体都有自身的价值取向，这些不同的价值取向与正式群体的价值取向有些是接近的，有些是偏离的，也有些可能是背离的。非正式群体的价值观一旦形成，必然对企业员工的心理倾向和行为方式产生深刻影响，对企业目标的实现程度产生直接影响。因此，企业的管理者必须重视非正式群体所发挥的作用，充分利用其特点，将非正式群体价值观引导到正式群体价值观的轨道上来；同时也要善于处理好企业内部局部与整体的关系，善于把企业内部不同正式群体的目标和价值观融入企业整体目标和价值观。

3. 整体价值观

企业整体价值观是员工个人价值观和群体价值观的抽象和升华，建立在组织成员对外部环境认识和反应态度的基础上。企业整体价值观具有统领性和综合性的特点。首先，它是一种明确的哲学思想，内里包含远大的价值理想，体现企业的长远利益和根本利益。其次，企业整体价值观是对企业业务经营目标、社会政治目标以及员工全面发展目标的一种综合追求，它展现的是企业发展、社会发展与员工个人发展的一致性。因此，企业整体价值观指导、制约和统率着个人价值观和群体价值观。员工和群体只要树立了企业整体价值观，即意味着企业目标变为人们的宏大抱负，进而构筑成一种文化环境，促使每个员工超越自我，把企业视为追求人生价值的场所，激发出惊人的潜力。

● 企业价值观包含的内容

在西方企业的发展过程中，企业价值观的内容经历了最大利润价值观、经营管理价值观和企业社会互利价值观三次演变。最大利润价值观是指企业全部管理决策和行动都围绕如何获取最大利润这一标准来进行。经营管理价值观是指企业除了尽可能地为投资者获利以外，还非常注重企业内部人员自身价值的实现。企业社会互利价值观要求在确定企业利润水平时，把员工、企业、社会的利益统筹起来考虑。在当代，企业价值观大体又包括了经济价值、社会价值、伦理价值、政治价值四种取向①。

1. 经济价值取向

经济价值取向主要表明企业对义利关系的看法。企业是一个经济实体和经营共同体，因此，其价值观中必然包含十分明确的"赢利"这一经济价值取向和行为准则。但这并不意味着优秀企业在经济价值取向上是一种单纯的谋利组织，并不意味着企业的全部经营管理在于谋取利润最大化。企业必须作为一个社会器官在社会中存续，它基本的、直接的目的只有一个，那就是创造市场，满足顾客需求。彼得·德鲁克说过："企业的目的在于企业之外"。为了达到这一"企业之外"的目的，它必须执行两项基本功能，即营销和创新。利润只是企业这两项主要功能的补偿和报酬之一，而不是经营结果的全部内容。

2. 社会价值取向

社会价值取向表明企业及其成员对索取与奉献、自我与社会关

---

① 陈春花、曹洲涛、曾昊等：《企业文化》，机械工业出版社，2010，第106~107页。

系的看法。企业是社会的一个细胞，是国家、社会的一个"公民"。因此，在经营活动中不能只考虑自身利益，向社会无节制地索取，而应同时着眼于奉献，把增进社会利益、改善社会环境、促进社会发展作为自己的责任。一个健康有效的现代企业价值观往往把社会价值取向提升到这样的高度：其一是充分认知并积极处理企业的生产、经营活动造成的社会影响；其二是正视社会问题的存在并积极参与社会问题的解决，把解决社会问题视为企业发展的机会，既满足社会的需要，又为企业发展奠定基础。这样的企业社会价值取向使得企业既肩负起多重社会责任，又获得一个日益改善、日渐完美的社会环境。

3. 伦理价值取向

企业伦理价值取向主要涉及企业所有者、经营者、员工之间、企业和消费者之间、企业和合作者之间等重大关系的确立和维持。经营企业如同做人，正直、善良、诚实、讲信用，这些美德不但适于个人，也适于企业。成功的、优秀的公司都极为推崇正直和诚信，并把它作为企业文化的一部分。每个公司都坚信，在信息化和知识化的市场经济环境中，不能秉持正直，不能善待他人、亲和顾客，不讲诚信，就无法经营企业。

4. 政治价值取向

企业是在一定的政治环境中生存的。经济问题、社会问题、伦理道德问题与政治问题紧密相连，在一定的社会历史条件下还可能转化为政治问题。如劳动关系问题和分配问题处理不好，就可能涉及人群、种族、失业等政治问题。对这一系列问题的看法和解决方式，都会使企业形成明确的政治价值取向。企业应具有明确的政治价值取向和政治责任感，在创造物质文明的过程中，注重精神文明的建设。在管理中坚持以人为本和按劳分配的原则，通过加强民主管理，建立良好的用人机制和激励机制，充分调动劳动者的积极性、主动性和创造性。

● 企业核心价值观

企业核心价值观是指在企业的价值观体系中处于核心位置的价值观，它对企业的持续发展有着重要的指导意义。吉姆·柯林斯和杰里·波勒斯在《基业长青》中总结了企业永续经营的准则，"保存核心、刺激进步"，恪守企业的核心价值观是保持核心竞争力的关键，核心价值观被视为组织长盛不衰的根本信条。

企业的核心价值观通过影响组织的行为来实现企业的长足发展。沃尔玛基于"顾客就是老板"的核心价值观制定出员工服务顾客的两条行为准则："第一条，顾客永远是对的。第二条，如果对此有疑义，请参照第一条执行。"这同样也决定了沃尔玛的用人准则，"我们把顾客放在前面……如果你不为顾客服务，或不支持为顾客服务，那么我们不需要你。"除了指导组织中个体成员的行为以外，核心价值观也是组织重要决策行为的判断依据。因此，企业之间的表现差异在一定程度上也可以归根于此。

优秀公司通常只有几个核心价值观，一般介于 3~6 个。事实上，大多数公司的核心价值观都少于 6 个，因为只有少数价值观才能成为真正的核心价值观，是至为根本、深植在公司内部的东西。如果企业列出的核心价值观超过 6 个，则很有可能抓不住其中的关键所在。

例如，IBM 公司有三条核心价值观：第一，尊重个人；第二，顾客至上；第三，追求卓越。几十年来，企业外部环境发生了巨大的变化，但这三条价值观在 IBM 却始终不变，激励员工不断创造出质量优异的产品，而且制造出使用户满意的最佳服务。

有效的企业核心价值观应该具有以下特征：一是企业真正信奉的东西；二是与企业最高目标（企业愿景）相协调；三是与社会主导价值观相适应；四是充分反映企业家价值观；五是与员工的个人价值观相结合。[①]

三　企业价值观的作用

企业价值观的确立是企业在决定其性质、目标、经营方式和角色时作出的选择，是企业经营成功经验的历史积累，它决定了企业的经营性质和发展方向，既构成了企业内部成员的行为准则，又体现了企业一切行为和活动所追求的理想境界。企业的行为和人的行为一样是受价值观念支配的。企业全体成员共同认可的价值标准和价值取向是企业文化建设的核心，是企业精神文化的思想基础，它为全体员工提供积极向上的文化选择，是走向共同目标和日常行为的指导方针。具体说来，企业价值观有以下几方面的作用[②]。

● 企业生存发展的精神支柱

企业价值观是企业领导者与员工判断事物的标准。它一经确立，并成为全体成员的共识，就会成为长期遵奉的信念，对企业具有持久的精神支撑力。美国著名的心理学家马斯洛指出：人的需求是有层次的，不仅有生理、安全等基本需求，而且有情感、自尊和自我实现等

---

① 陈春花、曹洲涛、曾昊等：《企业文化》，机械工业出版社，2010，第107页。
② 陈春花、曹洲涛、曾昊等：《企业文化》，机械工业出版社，2010，103~104。

高层次精神需求。高层次精神需求一般通过以价值观为基础的理想、信念、伦理道德等形式表现出来。当个体的价值观与企业价值观一致时，员工就会把为企业工作看做是为自己的理想奋斗。企业在发展过程中，总要遭遇顺境和坎坷，一个企业如果能使其价值观为全体员工所接受并以之为自豪，那么企业就拥有了克服各种困难的强大精神支柱。许多著名企业家都认为，一个企业的长久生存，最重要的条件不是企业的资本或管理技能，而是正确的企业价值观。企业的命运如何最终是由价值观决定的。

- **决定企业特性和发展方向**

在不同的社会条件下或不同的历史时期，会存在一种被人们认为是最根本、最重要的价值，并以此作为价值判断的基础，其他价值可以通过一定的标准和方法"折算"成这种价值。这种价值被称为"本位价值"。由本位价值所派生的观念就是本位价值观。企业作为独立的经济实体和文化共同体，在长期的经营实践中必然会形成某种本位价值观，这种本位价值观决定企业的发展方向，同时不同的本位价值观可以通过企业的行为表现出相应的差异。例如，一个把利润作为本位价值观的企业，当企业利润和顾客利益、社会利益发生矛盾和冲突时，它会很自然地选择前者，而以牺牲顾客利益和社会利益来获取企业利润的最大化。

- **导向和规范企业及员工行为**

企业价值观是企业中占主导地位的管理意识，能够规范企业领导者及员工的行为，使企业员工很容易在具体问题上达成共识。上级的决策易于为下级理解和执行，下级会自觉地按企业整体目标调整自己的行为，从而大大节省企业运营成本，提高企业的经营效率。企业价值观对企业和员工行为的导向和规范作用，既通过规章制度、管理标准等硬性管理手段（企业价值观的载体）加以实现，也通过群体氛围、传统习惯和舆论引导来实现。企业成员如果作出违反企业基本价值观的事，就会受到制度惩罚、舆论谴责。即使他人不知或不加责备，本人也会感到内疚，产生感情压力进而进行自我调节，修正自己的行为和价值观。企业价值观的导向和规范作用在制约人与人的关系时具有浓厚的感情色彩，人们会对那些符合企业价值观的好的行为和事迹表达支持和赞扬，而对那些违背企业价值观的劣行劣迹则表示反对和厌恶。

• 激发员工潜能增强企业合力

企业的合力取决于员工对企业目标的认同度及能否最大限度地发挥其精神潜能。日本一位经济学家曾经提出一种"车厢理论"，即一列电气列车每节车厢都有马达、每节车厢均有自己的动力并能一道前行。可想而知，这样的列车一定会有强劲的动力。从一些成功的企业来看，一个合力旺盛强大的企业，往往有这样的特征：合力来自于企业内部的凝聚力，而不是源于外部归力；组织中相互对立的小团体倾向得到有效抑制；基层单位具有处理内部冲突、适应外部变化的能力、同事间具有一种较强的认同感；全体员工都了解企业的总体奋斗目标；决策层和执行层在工作上都有发自内心的支持态度；员工承认企业的外在价值并具有巩固和维护企业继续发展的愿望。企业价值观类似于一种理性的黏合剂，把企业员工固定在同一信念目标上，以其大量微妙的方式沟通员工思想，创造一个共同协作的背景，会聚各种力量并使其朝一个共同的方向努力。

四 价值观对企业战略管理的影响

• 企业价值观与战略的密切关系

人们发现，在不同的价值观体系下，美国的企业、日本的企业和欧洲的企业的发展战略表现出了明显不一致的特征。一些企业在内外部条件相近的情况下，发展上却采取了完全不同的战略。例如同为制药保健品企业，巨人集团采取了多角化和极度扩张的战略，三株集团采取专业化的战略，通过大规模的营销实行市场发展战略，天津天士力集团提出了"中药成果，世人共享"的理念，采取全方位创新、重点集中的发展战略。造成它们战略差异的因素很多，其中不同国家、不同公司的企业价值观是不能忽视的重要因素。尽管研究背景不尽相同，但是许多学者的研究成果都反映了价值观与战略管理的密切关系，主要有：

1. 麦肯锡的 7s 理论

1980 年沃特曼、彼得斯和菲利普斯提出了这一理论，后来帕斯卡和阿索斯通过对日、美企业的对比研究，实证了这一理论。这一理论认为，战略过程中最重要的 7 个因素可以用 7 个以 s 开头的英文单词表示出来，它们是 strategy（战略）、structure（结构）、system（系统）、style（作风）、staff（人员）、skills（技能）和 superordinate goals（共同价值观）。在这个模型中，起核心作用的是共同价值观。只有这些因素形成一个和谐的整体，企业才能够取得成功。

沃特曼和彼得斯在 80 年代出版的《追求卓越》一书中进一步明确指出：崇尚服务、质量和创新是成功公司或者说是追求卓越的公司所共有的，这些价值观提供了企业的竞争优势，从而也成为战略管理需要重点考虑的因素。

2. 文化五维度理论

根据荷兰学者霍夫斯蒂德的研究，民族文化间的差异可以用五个维度来描述和比较。这五个维度从本质上是价值观的五个方面，它们是：权力距离、对不确定性的逃避程度、个人/集体主义、阳刚/阴柔意识和短期/长远取向。

具体到企业，权力距离是指成员对组织中权力的不平等分布的接受程度。权力距离越大，说明企业的战略决策比较专制、独裁。企业是集权的组织结构，权力距离小则说明人们期望民主、分权的组织结构。

集体主义趋向下，人们倾向于接受紧密联系的社会组织的约束，愿意把组织内外的人加以区分。个人主义趋向下，人们则拥有独立生活、隐私和感情独立等价值观。

阳刚/阴柔的意识主要反映在对竞争的看法上，阳刚的意识鼓励激烈的竞争，阴柔的意识则强调中庸和睦、关心他人，注重生活质量。

对不确定性的逃避态度主要是对待风险的态度，强烈回避不确定性即厌恶风险的价值观，一般倾向于建立一个高度正式化、制度化和等级化的组织，规避风险。相反，甘冒风险的价值观则喜欢灵活和不确定性的结构。

短期/长远取向主要反映了人们对将来与现在利益进行权衡时的倾向。

五维度理论提出了影响战略管理过程的具体价值观因素。

3. 普拉哈德的定向思维观点(dominant logic)

普拉哈德认为，企业在长期的经营过程中形成了一个系列的定向思维，成为企业判断事物价值优劣的依据，它就像一个过滤器，使得企业在分析各种数据信息、制定战略时把注意力集中于某些部分上，忽略其他的一些内容。定向思维从本质上是一种价值观的体现。

4. 战略管理的文化学派

在研究价值观对战略管理的影响方面集大成者是战略管理的文化学派，该学派最重要的一个观点是，战略管理的过程是一个社会交互作用的过程，它是基于组织成员价值观、信念和对战略的理解的共享和统一的基础上，它道破了价值观在整个战略管理过程中的基础作用和指导作用。

● **战略管理三个阶段的价值观因素**

我们知道，战略管理包括三个阶段：企业战略分析，战略方案的制订、评价与选择，战略实施与控制。而价值观对战略管理的影响作用是渗透在每一个阶段的每一个步骤中的。

1. 战略分析阶段

这一阶段包括对企业宏观政治、经济、文化环境、企业所处行业、竞争对手以及企业内部资源能力的分析。

企业的内外部环境是客观存在并且按照其固有的规律向前发展的，而企业的价值观通过影响企业对这些客观存在和发展趋势的主观判断及认识来影响公司进行战略分析。具体而言，可以有以下的表现：

（1）企业是从市场定位出发，机会导向，还是从内部的能力出发，以能力为导向？例如，诺基亚从造纸商变成世界上最大的手机制造商之一，是市场定位选择的结果；而 Intel 一直坚持在芯片领域发展则是充分重视企业的核心能力的表现。

（2）对于不同的外在环境，企业的态度和判断可能不同，有可能把它看成是机会，也有可能视为威胁。例如，同样是家电产品进入国际市场，海尔采用先难后易的战略，首先选择欧美市场，他们认为是威胁的地方更是机会，而很多其他的家电企业则选择了经济落后的第三世界国家作为其海外扩张战略的主要目标。

（3）与竞争对手是一种双赢共生的超竞争关系还是你死我活的恶性竞争关系（背后是性恶论和性善论的假设），是以竞争为主还是以合作为主？在软件领域，Linux 操作系统实行完全的代码共享，这使全世界的 Linux 软件开发商能够共同合作开发 Linux 软件，改进其性能。微软的 Windows 系统则拒绝公布关键的代码，并且采用捆绑销售等方式，推行自己的其他应用软件。

2. 战略方案的制订、评价与选择

这一阶段包括制定企业的使命，确立战略目标，最终形成战略方案，进行评价和选择。在相近的情况下不同的价值观导致战略分析的不同结论，必然产生不同的战略方案，同时对战略方案的价值判断也会影响最终战略方案的选择，具体表现在：

（1）公司的使命和最终目标是什么？是追求利润最大化还是社会效益最大化？是顾客第一还是股东第一？是注重技术还是注重市场？这些问题的回答属于企业价值观的范畴。

（2）是重视长期利益还是看重短期利益？这是战略选择和评价的一个重要问题。国内许多小公司没有长远目标，采用各种不法手段进行竞争，以在短期内牟取暴利，但是，大多数优秀的、有优良传统的公司都把长期利益放在第一位。

（3）鼓励竞争还是鼓励协作？世界上最大的几家汽车制造商通用、福特、戴姆勒—克莱斯勒、菲亚特等通过互相持股，建立了你中有我、我中有你的密切合作关系。而 Intel 和 AMD、可口可乐和百事可乐、肯德基和麦当劳的竞争却又是针锋相对，竞争激烈。

（4）民主决策还是家长制、一言堂？很多企业在制定企业战略的时候群策群力，充分调动企业职工的积极性，战略的拟定是自下而上、上下结合的，有的企业则完全是老板拍板。

（5）甘于冒险、不断创新还是稳健发展、老成持重？有的企业大胆扩张、大胆兼并，追求规模效应；有的企业则稳扎稳打，甚至拒绝高调、拒绝规模化。

3. 战略实施与控制

战略实施与控制是战略管理过程的行动阶段，主要包括战略的发动、分解战略计划、战略在经营活动中的实施、战略实施情况反馈和控制、评估。战略实施的模式一般分为指挥型、变革型、合作型和文化型。不同的实施类型反映了企业价值观的现实情况。

（1）指挥型：顾名思义，它是老板驱动的、自上而下推动的、集权制的，符合"经济人"假设。

（2）变革型：这种模式是环境变化驱动的，一般是自上而下推动的，权力比较集中，主要也是以"经济人"假设为前提。

（3）合作型：合作型模式是由高层管理人员和中层管理人员共同参与战略的制定和实施的全过程，所以是管理层驱动，自上而下与自中间分别向上向下推行相结合，有适当的授权，把"经济人"假设和"自我实现人"假设相结合。

（4）文化型：这是在合作型的基础上，动员全体员工参与制定和实施战略的模式，因此是一种全员驱动的模式，自上而下和自下而上的方式相结合，充分向下级授权，相信"自我实现人"的假设。

● 战略管理新模式——愿景驱动式管理

随着后工业时代或者所谓的知识经济时代的来临、环境的迅速变化，许多优秀的企业逐步从科学管理进入文化管理时代，如何调动全体员工的积极性，通过学习和创新来适应环境，成为战略管理的首要任务。在这种情况下，在90年代出现的愿景（vision）驱动式管理，开始成为一种新的战略管理模式，并迅速得到推广。

具有影响和代表性的是哈默尔和普拉哈拉德提出的所谓战略意图（strategy intent），彼得·圣吉提出的共同愿景（shared vision）和柯林斯与波拉斯提出的愿景型企业（visionary company）。这些学者在从 IBM、Intel、惠普、索尼等长期获得成功的公司的成功原因中发现，保持核心价值观和核心使命的不变，同时又使目标、战略和行动适应变化的环境，是企业不断自我更新、取得长期优秀业绩的原因，而构建与贯彻优秀的企业愿景是企业取得成功的关键。具体而言：

企业的愿景包括两个部分，一个是企业的核心信仰（core ideology）与未来景象（envisioned future）。前者包括企业的核心价值观和核心使命，用于规定企业的基本价值观念和存在原因，是企业长期不变的因素。后者是企业未来 10~30 年里努力实现的宏大远景目标和对它的鲜活描述。它们是企业创造并需要重大变革和进步才能获得的东西。

核心信仰规定了企业的耐久性，是企业最基本持久的信念，具有内在性，独立于环境变化、竞争要求和管理时尚之外。核心信仰必须被企业的成员共享，是每一个员工所看重的价值，它在企业的形成过程是一个组织的自我实现过程。

未来景象的作用是用来激励变革与进步。它明确而有力，是人们努力的焦点，是团队精神的催化剂。通过对宏大远景目标的富有激情而坚定的描述，来激发员工的热情和动力。

　　愿景驱动的管理模式不仅要建立一个优秀的愿景，还需要创造各种有效的机制来保障核心信仰的保持和激发未来景象的变革。这些机制包括更有效的企业文化氛围，适合企业特点的员工甄选与培训，企业内部成长的领导人选择机制以及永不满足的自我完善、自我超越机制等。

　　可以看出，愿景驱动是文化管理思想在战略管理思想中的一个集中体现，它第一次把价值观管理、企业文化的塑造和企业战略管理有效地统一起来，使软管理和硬管理统一起来，使企业制度同企业的核心信念统一起来，使个人的自我实现和组织的自我实现统一起来，把企业持续的成功和企业价值观的长期稳定统一起来。可以预言，愿景式驱动管理必将成为本世纪企业战略管理发展的新趋势。

五　企业价值观与企业内部人际关系

　　所谓企业内部人际关系，就是人们在共同的企业实践活动中结成的相互关系的总称，是人们在交往中产生的人与人之间心理上的距离，它反映着人们追求满足的心理状态。人际关系是以情感为纽带的，不同的人际关系会引起不同的情感体验，这些不同的情感体验又反过来淡化或加深这种人际关系。企业内部的人际关系一般分为两个层次，即正式组织人际关系和非正式组织人际关系。

　　1. 价值观思想认识上的统一是企业内部人际关系的基石

　　只有在价值观思想认识上产生了统一，企业内部才容易形成协调融洽的人际关系。干群之间、职工之间团结友爱，互相体贴，亲密无间，消除心理上的障碍，减少矛盾纠纷，避过影响团结的暗礁，才能形成无懈可击的群体。因此，企业内部价值观的思想认识上统一后，才能产生同振共鸣，命运上互为一体，喜乐忧患与共，这无疑是体现企业人际关系协调的一个重要标志。

2. 价值观利益上的互动和协调是企业内部人际关系的核心

平等友爱、互助互利，这既是人际交往的原则，又是人际关系协调的标志。所以，在企业内部，员工不仅要以极大的热情和主动性搞好本职工作，而且更重要的是通过价值观利益上的互动和协调，相互提供帮助，创造条件，相互满足各自的需要。只有在价值观利益方面合理地加以协调，才是企业人际关系协调最实际的反映。相反，只讲索取、不谈奉献、假公济私，就很难谈得上企业良好的人际关系的建立，更不用说去发展和巩固。

3. 价值观信息上的沟通是企业内部健康人际关系形成的关键

企业内部人际关系应是开放的，即上情下达、下情上知，彼此沟通。员工需求什么，管理者心中有数，尽力满足；管理者希望什么，员工清楚知晓，尽职尽责，献智出力，共谋发展。不少企业内部人际关系不协调，往往与价值观信息沟通不够有关。不正常、不健康的企业往往内部人际关系涣散，正常的人际关系被扭曲变形、庸俗化。因此，价值观信息上的沟通是健康人际关系形成的关键。

4. 价值观实践上的一致是企业内部人际关系的保证

在企业内部，价值观实践上的一致表现为职工服从命令，听从指挥，步调一致。只有在价值观的实践上达成一致，才能形成一个团结融洽、充满温暖的企业群体，企业内领导与职工关系和谐，工作就能配合默契，生产效率就会倍增。反之，价值观实践不一致，各行其是，就会给人们带来烦恼和痛苦，影响职工的精神状态，使职工充沛的精力白白被内耗，生产效率也自然会下降。可见，价值观实践上的一致才是企业内部人际关系协调的一个真正标志。

六　珍爱并守护公司的灵魂——企业价值观

一家企业正像一个国家、一个民族一样，共同的文明意识、文化成就感、文化心理是彼此之间得以认同、聚合的基础。进一步说，共同或大体相近、一致的理想、追求、精神境界是其得以共鸣、和谐、联合和不断进取的基础。一个具有优秀文化环境的企业文化共同体，其员工不论是终身受雇还是有变迁，都会对公司终生怀念、永志不忘。这一切都是靠给人以启迪、催人觉醒、令人振作、激励人奋进的企业的"灵魂"，靠的是永远给人以向往、憧憬、激励的企业精神。

守护企业价值观，需要像守护灵魂一样。正如德鲁克先生所言："只有明确地规定了企业的宗旨和使命，才可能树立明确而现实的企业目标。企业的宗旨和使命是确定优先秩序、战略、计划、工作安排的基础。它是设计管理职位，特别是设计管理结构的出发点。战略决定结构，战略决定某一企业中的关键性活动。"只有全体员工明确企业的核心价值观，才有可能推进所有的行动。

很多中国企业家非常敬仰美国通用电气前总裁杰克·韦尔奇，对他在通用电气实施的管理推崇备至。那么，我们不妨看一下美国通用电气对价值观的坚守。他们认为，企业文化不是亘古不变的，随着世界的发展，企业的成长会与时俱进地调整，但通用电气核心价值观中居于第一位的"诚信"是永恒的。通用电气十分强调绩效，如果绩效目标未能达成，公司会分析造成的原因，是来自外部的还是自身的；同时公司还会再给一次努力的机会。但只要是涉及价值观的问题，绝对是一票否决，毫不含糊。

我们再来看看中国的例子，看看很多官员、学者和企业界人士都在研究的阿里巴巴和马云。马云在 2005 年曾面临一个 "严峻" 的现实：随着阿里巴巴的规模和员工数的迅速增加，在创业之初和扩张过程中一直被 "小心翼翼" 地维护的十分完好的价值观有被稀释的倾向。马云曾在与一名基层员工的交流中，偶尔谈起有关阿里巴巴价值观的问题，这位员工的反应却是："你们高层现在还重视价值观问题吗?"

这个反应让马云感到了巨大的危机，并迅速采取了行动。他除了在半年大会上强调这一危机外，迅速安排主管阿里巴巴价值观的部门马上研究：如何在公司规模扩大的情况下，进一步灌输阿里巴巴的价值观。在这个问题上，马云的观点是不惜一切代价。

阿里巴巴为了维护自己的核心价值观，从马云自身开始的公司整个高层都把核心价值观的维护作为最重要的工作之一。在阿里巴巴，"有价值观的企业" 被放在 "持续高速发展的企业" 之后，作为阿里巴巴的第二大特点向外界推荐。核心价值观与企业发展具有同等重要的位置甚至当员工的行为与核心价值观相违背的时候，公司一定会保护自己的核心价值观，因为这是阿里巴巴的天条。事实上，阿里巴巴对触犯价值观信条的员工，在处理上从来都没有手软过。

创业的经验可以借鉴，企业的文化气息和价值追求则是由企业的自身底蕴和终极目标决定的，无法效仿。成功的公司几乎像维护宗教信仰一样维护自己的核心价值观——除极少数情况外，从不改变它。它们的主要贡献是一种永不过时的东西：一个有着高度适应力的组织，这个组织有一笔代代相传的 "精神遗产"，一套根深蒂固的价值观。这些优秀的甚至伟大的公司都因为其核心价值观而得以延续，这一点尤其需要我们注意。

第九章 类比：认识自我的特质

在企业文化落地前，首先要明确企业自身的文化特质。这与企业的性质有关，与企业的使命、愿景有关，与企业的核心价值观有关，也与企业先天与后天形成的素质有关。在企业文化转化为企业员工的行为特征之前，首先要认清：我是什么样子？我希望成为什么样子？我该怎样组织我的员工达到我所希望的样子？

一 照镜子：凭什么吸引人

● 宝洁的"主人翁精神"

宝洁代表的是员工及员工赖以为生的核心价值观：以宝洁员工为圆心、四周环绕的是领导能力、诚实正直、信任、积极求胜的热情及主人翁精神。

就信任员工、尊重员工而言，宝洁是一家以信任为基础的企业，其"PVP"也清楚地揭示了对员工的信任，同时落实对员工信任的承诺。绝大多数人都渴望被信任，并希望能尽情地放手一搏，有所成就与贡献。只要组织有效地激励员工的自尊心与荣誉感，员工自然会竭诚以报，这就是所谓的"士为知己者死"，也是宝洁员工主动积极的主因。管理大师杜拉克曾说："今日组织的基础不再是权力，而是信任"，宝洁在厚植信任与内在激励方面，一向不遗余力，且有显著的效果。当员工对组织及团队成员有信任感，并相信自己会受到公平对待时，就会全力投入工作。此外，信任也代表可以在没有恐惧的环境下开诚布公，异议可以公开表达，员工能够坦白地说出真心话。以此为基础，员工才有可能针对棘手的问题进行开放性的全面讨论，化个人的不满为具体的建设性建议，创造出多元化而不互相冲突的工作环境，并形成高效益的合作网络。

在对"以员工为核心"的企业文化认定后，宝洁采取一系列的措施兑现对企业文化的承诺。

（1）无障碍交流。宝洁公司十分注重相互间的交流与沟通。员工之间的交流主要通过各种会议以及企业内部网络进行。对品牌经理而言，他们定期召开碰头会议，会上各品牌经理都把前一段时间的工作业绩向大家作简要汇报，同时提出未来一段时间内的工作重心、品牌营销的策略、各种社会公共关系活动安排等。宝洁公司内部网络的搭建为员工的日常交流提供了一个有效的平台，员工可以了解到公司发生的重大事项，以及未来的事业发展等各方面的信息。假如员工对公司某方面有什么意见或建议，甚至可以直接向总裁发送电子邮件，这样也有助于公司的高层主管随时掌握员工的动态。

宝洁的经理人员经常在一起讨论关于下属的绩效与发展情况。当主管造访制造厂或附属公司时，他们首先关心的是员工，并随时随地与员工交流，然后才是运营状况。宝洁通过建立一种能相互之间尽可能多地交流的环境，确保对有关公司的一切情况都能得到充分而有效的掌控。宝洁研究中心的建立也可以体现宝洁的这一文化理念。宝洁研究中心的空间规划是针对提高创意集思和侧面思考而设计的。走廊十分宽敞，楼与楼之间用自动扶梯代替厢式电梯。其原因是，有研究显示，员工喜欢聚集在宽敞的走廊进行非正式谈话，而且他们在自动手扶梯上更能放松地谈话。实验室及办公室的门也是开放的，以营造一种合作及互动的氛围。

（2）内部培训。宝洁把人才视为公司最宝贵的财富。重视人才并重视培养和发展人才，是宝洁公司为全世界同行所尊敬的主要原因之一。宝洁公司每年都从全国一流大学招聘优秀的大学毕业生，并经过独具特色的培训把他们培养成一流的管理人才。不遗余力地培训和发展员工，是宝洁事业成功的重要保证。宝洁的培训包括：入职培训、管理技能和商业知识培训、语言培训、海外培训及委任、专业技术的在职培训等。宝洁对员工的大量培训使宝洁员工的个人素质得到极大的提高，同样，宝洁的这些举动对宝洁公司的长远发展也是极其有利的。

宝洁内部提升机制是宝洁文化中重要的一部分，所有高级经理都是从新入公司的新人做起，一步一步成长起来的。提升取决于员工的工作表现和对公司的贡献，个人发展的快慢归根结底取决于自身的能力和所取得的成绩。在宝洁，无论是薪酬增加还是获得提升，所有的奖励与肯定都反映了你的能力、工作进展状况和工作表现水平。以人为本，尊重员工，为员工的切实利益着想，不断培训员工，使他们乐于为公司贡献自己的才华，这就是宝洁对"人"的认识。

（3）定期检查系统。为了让信任能够有效落实，宝洁有周期的检查系统作为配套措施，以确保企业整体运作顺利进行。对于宝洁而言，信任不意味着毫无限制地放任，也不意味着主管完全放手不管。因为，在组织运作上，就需要检查机制来整合。一方面，宝洁可以借此落实以信任为基础的经营哲学；另一方面，检查系统让所有事情的进展都在掌控之中，不会因为信任而放任员工，发生无法得知其表现好坏与事情进展等无法容忍的不确定性。通过定期与不定期的报告与讨论，主管可以充分掌握进度与状况，并给予适时的指导与建议，不仅无损于对员工的信任，反而更有效地落实信任。

● 战略、文化与员工能力的匹配：素质模型

素质模型在国内企业的应用尚处于开发研究阶段，并非十分的成熟，但它将引领中国企业文化和人力资源未来的方向。通过企业自身素质模型的构建，能够将以战略和文化为导向的企业核心能力转化为企业需要员工所胜任的素质族群，由此确立符合自身企业文化的员工所需素质，确保员工能力与企业文化类型的匹配。

以战略和文化为导向的素质模型的开发具备以下四个特征：

1. 以企业核心能力为依据确定员工的专长与能力

素质模型依据企业战略规划所确定的企业核心竞争能力研发企业员工的核心专长与能力，并以此为基础形成企业员工的素质模型。素质模型的研发意味着企业人才哲学突破了只关注知识与技能的传统，而是在考查知识与技能的基础上，进一步运用组织行为学、管理心理学等应用工具深入发掘人力资源的素质与行为。心理学应用的知识是极为复杂的，应立足于现实性和前瞻性相结合的原则为企业提出框架式的简单型分析工具。

2. 核心价值观族群的设立是文化导向的必然

素质模型充分接受以企业哲学为核心的企业文化的指导，并贯穿在企业素质模型的六大族群中。尤其是创新性地在模型中设立核心价值观族群，通过核心价值观的层级分解，使企业核心价值观化为员工

的素质要求，以此达到企业文化由虚入实、落地生根的效果。同时，对核心价值观的素质要项的分解，直接形成了对核心价值观制度以及相关的素质行为的描述，为企业文化实施提供标准。

3. 以核心价值观为导向的素质模型要贯穿整个人力资源管理的流程

素质模型将与企业整个人力资源管理体系进行充分的对接，并在实践中逐步成为企业人力资源的核心工作，以此推动总体人力资源素质的提升。因此，该模型是企业致力于构建基于能力的人力资源管理系统以支撑企业进攻性战略发展的根本大计。

4. 基于战略和文化的素质模型必须动态管理

素质模型的研发不以方案的提出作为终点，而是才刚刚开始。素质模型必须在企业战略发展中实现动态更新与管理，才能使企业人力资源及时迅速地按照企业的战略阶段性目标进行调整。

二 辨行为：纸上得来终觉浅

● 认识企业的文化形态

一旦清楚组织的定位，你就能知道你是否需要重新调整组织的定位。通过观测检查表和典型事件分析两种工具，来评估自己企业的特色属于过程型、图利型、松散型还是共有型。

方法一：通过观测检查表判断企业文化形态

指标 1：空间观测。

空间常常可以提供关于地位、权力和关系的信息。谁拥有大部分的空间，以及那些空间实际上坐落于何处？谁能得到景观较好、较为舒适的办公区域？

接下来，想想人们如何装饰自己的空间，有些办公室中，墙壁是光秃秃的；有些办公室的墙壁有家庭照片、小记事贴纸、专业成就的凭证、销售价格、与同事及上司的合照等。所有这些都在表达着个人与组织的关系。

想一想大门。是否到处都有企业的标志？是否有宏伟的接待处以及昂贵的画作装饰的墙壁？是否有昂贵的大理石地板？是否有休息区？人们是否忙碌地移动着或者停下来聊天？

空间的功能是否周全？是否所有东西都运用在与工作相关的活动上？或者有些空间被规划使用于社交活动上，例如咖啡厅。是否有设计敞开式的空间或弹性使用的办公座位？是谁设置的这些设计？

过程型文化在空间上常表现出如下特征：办公室的门敞开或没有上锁，人们可以自由进出其他人的房间。办公室可能会用家庭照片、风景明信片、卡通图案或来自同事或公司活动的照片来做装饰。具有可用来进行社交活动的大型空间，例如酒吧、咖啡吧、健身房等。"特权"空间依正式阶级分配，也分配给一些特定成员。在大楼中，不同的区域可能以不同的方式装饰区隔开来。

图利型文化在空间上常表现出如下特征：空间依照功能去安排，也就是依照工作流程安排。可能设计有敞开式的空间或弹性使用的桌子，但却是为了以简单、有效率及省钱的方式去完成任务，而不是为了闲聊。工作区域极少有多余的空间，办公室的装饰可能限定于奖状或成就表彰等。空间的分配是根据其成就，停车位的分配不牵涉个人的喜好，很可能是客户至上。

松散型文化在空间上常表现出如下特征：空间的设计旨在让个人的工作不受打扰。办公室的门关着，室内设备完善，员工可以有效率地自给自足。大部分的时间里，这些办公室可能都是空无一人的（人们在路上、在家办公、在会议中，等等），但是很难确定到底有没有人在。有些人几乎一天到晚不见人影。松散型文化的组织中，合作空间很小，人们都在家里或车里办公。

共有型文化在空间上常表现出如下特征：很多空间以正式和非正式的形式为人们共享。有时可能很难确定你身处谁的办公室，办公室或单位之间很少有藩篱。人们各自的空间差异不大。在正式的社交设备之外，还有非正式的延伸区域；食物与饮料普及到"工作"空间；到处都有企业的标志。办公室布置可能即兴地四处延伸，或者是与公司的价值、使命或信条有关的装饰。

指标2：沟通方式。

员工所偏好的沟通方式，是电子邮件、电话还是传真？大家花多少时间在面对面的交谈上？走进一些企业，你会被嘈杂的谈话声淹没；而走进另一些企业，通常是鸦雀无声。

在你的组织里，要找到其他人是否容易？层级或者功能组织是否会妨碍有效沟通？员工是否尽可能不让自己空下来？你的组织如何越过地理和文化上的藩篱来妥善处理沟通的问题？

当人们讨论问题的时候，通常是小组讨论还是一对一的形式？是以正式会议的形式还是在咖啡厅里进行？

过程型的文化在沟通方式上常表现出如下的特征：有许多谈话。虽然有正式的和层级的过程，但是许多沟通是在正式体系之外，以面对面讨论、电话或会前会的形式进行。电子邮件可能用来闲聊。因为有许多谈话的机会，加快了信息创造的可能性并增加了创造性。

图利型的文化在沟通方式上常表现出如下的特征：沟通用于迅速、直接地聚焦于公事。常用简明的备忘录或资料报告，极少进行"无目的"的谈话。很少用"绅士"的方式解决冲突，而是面对面对质或诉诸法律解决。在解决工作难题的前提下，可以接受越界的沟通。召开会议讲求实效，规划完善并保证产生具体可行的方案。不鼓励个人问题的表达。

松散型的文化在沟通方式上常表现出如下的特征：会议简短，局限于在走廊或在电话上一对一地交谈。一般人很抗拒会议，个人会与他认为"值得"的人交谈，去寻求资源和解决问题。文件可能可以取代谈话，但是未必会被阅读。许多的沟通是面向外部组织的。

共有型的文化在沟通方式上常表现出如下的特征：有各种渠道的沟通方式，但以口头的、面对面的方式为主。同时，非口头沟通也很重要：服装、颜色和符号，都有助于个人感到与其他人亲近。与各层级、部门和国家间的交流都很通畅，但是外部人可能有被排除在外的感觉。

指标 3：时间管理。

人们花多少时间在工作上？长时间工作是否成为普遍现象？如果是，谁能第一个自在地离开办公室？在老板离开前下班是否合适？你的公司对于工时是否很在意？有些公司严格规定所有雇员，甚至高级管理人员的工时数，而有些企业却特意废除打卡制度。

人们通常会在这家公司待多久？你预期他们能够待多久？在一些组织里，你会将每一个人视为短暂停留的过客；在其他组织里，你却总是能很快地将新进人员视为长期员工。

在组织里认识一个人要花多长时间？人们很快能与他人分享他的生活，还是过了很多年你仍不了解其他同事的家庭状况？当你迁移到其他办公室时，你先前的社交网络是否能帮助你快速地结交朋友？

过程型的文化在时间管理上常表现出如下的特征：人们利用工作时间来从事社交活动，且不会因为这样做而受到处罚。此外，社交性活动常成为一天工作的延伸，使得工作时间变长，但可能部分时间用于酒吧、咖啡厅、高尔夫课程或其他社交活动上。

图利型的文化在时间管理上常表现出如下的特征：长时间工作是常态，虽然工作结束后马上离开也会被接受。私人时间很少且极为明确，要去了解人们工作角色以外的形象，需要花很长的时间。无目的的闲谈被视为是浪费时间、不够敬业的表现。

松散型的文化在时间管理上常表现出如下的特征：除非必要，否则人们不会待在办公室，人不在是常态。工作成就，而不是工作时间，是衡量优劣的标准。时间大多花在追求个人专业和优秀技术上，任何会干扰上述目标的事，无论是行政事务还是客户，都会被视为浪费时间。许多人可能同事多年，却不太认识对方。

共有型的文化在时间管理上常表现出如下的特征：人们活在工作中，专业生活投入，以致"习惯性"忽略了时间。工作与非工作生活融合为一体，即使回家，也可能继续工作。工作变成了一种生活方式，从事与专业兴趣不相干的社交活动，被视为是浪费时间。

指标4：认同。

当人们认同组织时，他认同的东西为何？是认同同事，还是组织的愿景和价值观，或是它的传统？是认同它的策略意图，还是自己是最佳行销或销售团体的一分子？人们对组织的认同是建立在击败竞争对手之上吗？

过程型的文化在认同上常表现出如下的特征：人们认同彼此，紧密的社交网络增强了个体之间的相似感。低调处理相异点，拒绝过度表现个人差异，有些组织具有悠久的社交传统，这些传统甚至在员工离职后还发生作用。个人对公司极为忠诚。

图利型的文化在认同上常表现出如下的特征：人们认同胜利。虽然也有行为规范，但是如果个体的差异对于达成目标有助益的话，会被接受和鼓励。人们合作是因为有共同的经验、目标和利益，而不是情绪和感觉。基本上，个人对组织的依附是工具性的——如果符合个人利益的话，也可以跳槽到敌方。雇员为了自身前途，无情地利用公司的弱点或跳槽，都不是件羞耻的事。

松散型的文化在认同上常表现出如下的特征：人们认同公司的价值和使命。信条被实践：指示被执行、讨论、应用以及发展。工作变成一种生活方式。商标、象征、口号大量地存在，公司吸引员工展现强烈的忠诚度。员工离职后仍继续支持公司。

方法二：典型事件分析①

通过设置情景，通过组织内部的人对这些情境的反应，确定属于哪种文化形态；通过对组织内部的人对情境反应的期望，来分辨该文化形态中倡导和需要避免的行为。

情境一： 有人求助工作上的问题。

过程型文化：

正面型：愿意帮忙（期待有一天会得到相同的回报）。

负面型：依照是谁要求而定。

图利型文化：

正面型：典型的反应是开始思考这样做对企业有何助益。

负面型：典型的反应是开始思考这样做对我有何助益。

松散型文化：

---

① 〔英〕罗伯·高菲、盖瑞士·琼斯：《公司精神》，林洙如译，哈尔滨出版社，2003，第 51～61 页。

正面型：人们表现出惊讶的样子，然后礼貌地回绝。助人对双方都不具价值。

负面型：人们表现出惊讶的样子，然后断然回绝。帮助他人是额外的负担。

共有型文化：

正面型：如果这对公司有帮助的话，人们会愿意帮忙。

负面型：人们毫无保留地伸出援手。

情境二：　一个巨星级绩效表现的人获奖。

过程型文化：

正面型：接下来的几个星期，人们会想办法进入这个人的人际网络中。

负面型：某个人开始谣传这个奖项或许不是他应得的，而这谣言将永不止息。

图利型文化：

正面型：每一个人都更认真地工作以改善自己的绩效表现。

负面型：人们设法不择手段地打败那位同事。

松散型文化：

正面型：人们认为这表示自己与超级巨星在一起工作，证明自己的精英地位。

负面型：人们将此视为组织轻视他们的证明。

共有型文化：

正面型：安排一个盛大的庆祝会，其他人诚挚地为他感到高兴。

负面型：人们将此视为组织绝对可靠的证明。

情境三：　一位新总裁被网罗进公司。

过程型文化：

正面型：许多人迫不及待地想认识他。

负面型：人们采取观望的态度。

图利型文化：

正面型：人们问，他以前的工作表现很成功吗？

负面型：人们问，这人是谁，他会对我产生威胁吗？

松散型文化：

正面型：人们自问，他能为我们做什么？

负面型：人们问，我如何不让他盯上自己？

共有型文化：

正面型：人们帮助他去了解和应用关键的组织价值。

负面型：人们暗中将他与前任总裁比较。

情境四： 设立一个特别小组去发展企业的信条。

过程型文化：

正面型：人们急切地想要加入这个特别小组，希望能挑战与拓展组织的价值观。如果他们自己无法加入，他们会设法让优秀的人员可以加入。

负面型：人们会进行政治运作，让"正确"的人进入这个特别小组——这些人将使公司继续维持现行的作业模式。

图利型文化：

正面型：人们都很支持，因为这个特别小组将会厘清目标与指针。

负面型：大部分的人觉得这个特别小组可能会阻碍他们得到红利奖金。

松散型文化：

正面型：人们认为这是不必要的。个人应该专心去做自己最拿手的事。

负面型：人们忽视或者暗中破坏这项努力。

共有型文化：

正面型：人们感到兴奋，觉得不断发展与重塑核心价值很好。

负面型：人们觉得这是浪费时间，他们觉得现有的信条很好且已经经过时间证明。

情境五： 公司必须缩小编制。

过程型文化：

正面型：高级主管会与属下谈话，确定组织的方向是正确的。

负面型：关于谁被解雇或谁应该被解雇的谣言开始遍及全组织。

图利型文化：

正面型：人们认为这样的举动能够提高组织的竞争力。

负面型：人们开始竞相争取工作，看看能不能获得提拔。

松散型文化：

正面型：有人进行游说，以确保最优秀的人被留任。

负面型：引发所有员工互相竞争、攻击。

共有型文化：

正面型：管理人员会确保这种痛苦被合理地分摊掉。

负面型：人们觉得缩编是不必要的——如果组织坚守它的核心价值观。

情境六： 有人犯了重大错误。

过程型文化：

正面型：管理者会告诉他的同事如何快速而有效地反应，以使所有员工能够从中得到教训。

负面型：同事共谋，推卸责任。

图利型文化：

正面型：人们尝试找出是谁造成的，然后改正它，并且快速地进行下一步。

负面型：人们试着把它弄成像是竞争对手的错误。

松散型文化：

正面型：人们认为犯错的人不该再享有特权，也不该再受到最好的对待。

负面型：人们不在乎——"反正与我无关"。

共有型文化：

正面型：人们帮助那些需要为错误负责任的人从中汲取教训。

负面型：粉饰太平，就当没发生过。

情境七： 有一个同事有很棒的构想。

过程型文化：

正面型：人们透过非正式管道，快速地将构想散播到组织中，而且在下班后聚会讨论。

负面型：人们暗中破坏，因为这个构想"非我创造"。

图利型文化：

正面型：人们立即将它纳入自己的工作中。

负面型：人们剽窃这个构想，并对外宣称是自己的构想。

松散型文化：

正面型：人们分享荣耀，并且利用这个构想去向公司争取额外的资源。

负面型：人们攻击这个构想。

共有型文化：

正面型：这人获得公开的表彰，如果实验成功，组织会很快地实施。

负面型：人们假设它必然是一个很棒的构想。他们庆祝，将此视为组织刀枪不入的证明。

情境八： 在工作之外的场合遇到同事。

过程型文化：

正面型：人们借着这个机会聊天且深入了解对方。

负面型：人们借着这个机会去探听对方知道的消息，且尽量不泄露自己所知道的消息。

图利型文化：

正面型：人们谈论公事，谈完之后就停止说话，不会讨论其他事。

负面型：彼此针锋相对，比谁做事做得好。

松散型文化：

正面型：敷衍打个招呼。

负面型：勉强认出对方，挥手打个招呼。

共有型文化：

正面型：一起滔滔不绝地谈论公事。

负面型：不断谈论公事，将其他人（例如家人）都排除在外。

情境九： 一位服务很久的员工表现平庸，应被免职。

过程型文化：

正面型：资深管理者尽量让解雇动作富有人情味，这位员工会得到很好的新工作介绍服务。

负面型：公司将这位员工调去担任一项较容易的工作。

图利型文化：

正面型：很快且有效率地解雇员工，留下来的空缺用来提拔有能力的人。

负面型：在公开场合解雇员工，而且经常是以很羞辱的方式。

松散型文化：

正面型：人们觉得事不关己，继续专注在自己的工作上。

负面型：人们苦涩地抱怨，但是不会做任何事。

共有型文化：

正面型：迅速解雇且有人情味，会表扬他们过去的功绩。离职后人们仍与其保持联络。

负面型：公司会告知他这对组织的好处，然后任其伤心地离去。

情境十： 一个新的竞争对手进入市场。

过程型文化：

正面型：同事合作想出方法，使得跨入市场很困难且代价昂贵。

负面型：人们设法让彼此相信，这个竞争者不是认真的，也不具威胁性。

图利型文化：

正面型：迅速整合资源去打击竞争者。

负面型：人们忽视这个竞争对手，除非他对个人或小组的表现有所影响。

松散型文化：

正面型：组织尝试将这新对手的有力干部网罗进公司。

负面型：人们质疑，那又如何？

共有型文化：

正面型：组织借由革新、应用本身的生产力与价值，很快地作出响应。

负面型：人们认为没有人能和我们竞争。他们借着这样做来降低威胁感。

三 有效的就是好文化？

● 不仅是结果，更重要的是过程

无论是过程型文化、图利型文化，还是松散型文化、共有型文化，其目的都是将一群"心甘情愿"的人会聚到一起，共同实现企业目标。结果也许容易达到，但在实现结果的过程中，各人的心思却有不同，如在"压力文化"下，假设人性本恶，所有成就都不会被表扬，任何表达都可能被质疑，达到结果的方式是不断设定更高的目标、不断告知你的不足的永久鞭策式，企业目标也许可以实现，却打击了有能力、有思想、有创造力的群体。人的能力各不相同、性格各不相同，如何让成员个体"心甘情愿"，才是好文化真正的要义所在。

● 共性与个性——唐僧的管理智慧

企业文化最终的目的不是打造一批"形似"，而貌合神离的"同质体"，而是在遵守共同契约的基础上，兼容并蓄，实现企业生存与发展的目标。表面有效的文化不一定是好文化，能最大限度地统一目标、博采众长的文化，才是能激发企业最大潜能的文化。《西游记》中唐僧师徒四人的团队文化，就是共性与个性文化管理的典范。

唐僧、孙悟空、猪八戒与沙悟净师徒四人，背景、特长、性格、能力迥然不同，而唐僧就是带领这样一支队伍，历经九九八十一难，克服常人难以想象的困难，完成西方取经任务，真可谓是拥有大智慧的管理者。唐僧作为领导人，他的工作不是练就十八般武艺，而是利用自身坚定的信念，协助别人修成正果，完成自己的取经目标。在

《西游记》中，唐僧这个角色的质与量其实并不如孙悟空，这就像管理学大师彼得·杜拉克强调的："领导人的主要职责，应是成为搭舞台的人。"唐僧取经这个任务可以被称为舞台，有了这个任务舞台，才能让他的徒弟们有表现的空间和存在价值。而唐僧要做的事，就像杰克·威尔逊强调的："一个成功的领导人，最重要的工作是协助他人成功。"

什么是差异化管理？唐僧要驯服孙悟空的傲、发现猪八戒的好、鼓励沙悟净的勤，就是差异化的管理。孙悟空这个角色反映在现实职场中，就像人资管理中最棘手的明星员工。主管面对这类员工一定会爱上他所创造的绩效，就像孙悟空降魔伏妖无数一般，没有孙悟空，唐僧恐怕连取经的第一关都过不了。不过唐僧始终无法赞同孙悟空的人格特质，就像明星员工的特质难以被赞同一般。明星员工因为在专业领域的出众能力，永远希望成为公司的焦点，但却展现过度的自我膨胀而鄙视周遭伙伴。孙悟空会嫌猪八戒偷懒、笑沙悟净没创意，甚至挑战唐僧的权威与判断，却往往忽略成功所需的多元能力。

故事中的唐僧为孙悟空戴紧箍咒，随时实施提醒、制伏或转化的工作。如果不是紧箍咒，孙悟空对团队的伤害将大于贡献。猪八戒在故事中其实是个相当有趣的角色，乍看之下对团队似乎没有直接的贡献，但如果少了他，这段旅程就少了许多乐趣，整个团队充满枯燥，相信师徒四人也无法顺利闯关，《西游记》也会成了难看的小说。猪八戒其实是避免团队陷入迷思的重要角色。故事中的孙悟空肩负解决问题的角色，沙悟净肩挑所有行囊，就像负责平日例行营运工作的同仁一样，虽然猪八戒遇到战斗就推给孙悟空，看似好逸恶劳、贪生怕死之辈，但在"孙悟空大战红孩儿"时，他却懂得利用良机救出孙悟空。

如果猪八戒像孙悟空一样骁勇善战，第一时间就站上火线，两人必然都葬身于红孩儿的三昧真火中。团队一定要有多元人才方能应付多变的状况，猪八戒是避免团队陷入集体思维的重要角色，职场中这样的人才依旧占据相当重要的角色，往往也是避免陷入万劫不复的关键人才。

至于任劳任怨、默默为团队付出的沙悟净，虽然是本事最少的角色，却担起难度不高但一定要有人执行的工作。没有这样的人才，工作就无法确实执行与运作。具备沙悟净特质的员工，虽然不爱抢风头，但管理者仍需给予关爱的眼神，愈是具备这种特质的员工，其实更需要主管的鼓励。

在企业文化的管理中，认清团队的多元特质是第一步。但企业文化并非将多元统一为一元，而是统一大家具有共同的信仰后，利用文化管理差异，鼓励不同特质的员工都有展示的空间，"共生与共赢"才是好的文化。

第十章 认同：统一行动准则的过程

> "文化"可以用四句话表达：植根于内心的修养；无须提醒的自觉；以约束为前提的自由；为别人着想的善良。

> ——梁晓声

一 这是一个寻找同路人的过程

● 形成共同文化的四个阶段[①]

文化的形成或塑造过程，通常会经历认知、服从、认同和内化四个阶段。

认知是文化塑造的第一步。一个人对某件事情和理念的认识，或是出于强大的好奇心，乐于探索学习，将探究的触角延伸至该事件；或是通过组织的宣传关注，即通过广告效应获悉。所以组织应该明确宣贯自己的核心价值观，为更多的成员获悉。但是，认知仅仅是文化塑造的第一步。认知并不必然带来文化，认知者也许对所认知的对象

---

① 钟殿舟：《信仰：如何塑造齐心协力的员工和组织》，中国发展出版社，2007，第110~116页。

并不认同或毫无感觉，没有任何正面的反馈，仅达到"知道了"的境地。企业的使命、愿景、战略、执行、团队、态度等都是静止的，组织将这些明确，然后在组织中进行宣传，只是完成了告知的任务，若要使其真正发挥作用，必须再经过服从和认同阶段，并被组织成员内化，成为组织成员的文化，这些静止的东西才会活起来并产生效力。

服从的行为动机是为了获得奖赏或免受惩罚，其特点是行为持续的时间与奖励或惩罚存在的时间相等。文化需要制度的保障和维持，也需要奖惩的引导和劝诱。人们可以把一只老鼠饿几天，然后把食物放在迷宫的尽头以此有效地诱使老鼠跑迷宫。大多数研究者认为，因为所有的生物体对具体的奖惩都会产生反应，所以人类行为与动物行为在依从水平上的差异很小。从迷宫尽头取走食物，老鼠就不再跑了；同样，取消奖励或惩治，人们就可能不再服从领导的裁决。

如果说认知是静止的，那么服从就是动态的。认知还停留在思维层次，服从就已经是具体的行为实践了。

认同是对社会影响的一种反应。作出这种反应是由于人们希望自己成为与施加影响者一样的人，或者成为某种理念所要求的人。通过对某个组织或某种文化产生认同，并采取符合组织或文化要求的行为方式，人们可以确定自己与所认同的个人、组织或文化的关系，并带来内在的满意。这可能是自豪感，也可能是归属感。认同与服从的区别在于，认同是人们内在产生的，是心悦诚服的，认同了一个组织或者一种理念，就会为这个组织或这种理念辩护。而服从是因为外在压迫或诱惑而形成的，是被迫的。

最后一个阶段是内化。将准则和信念内化，是对社会影响最持久、最彻底的反应。把某种信念内化的动机源于使自己正确而不犯错误的愿望，因而对这种信念的奖赏是内在的。如果我们觉得施加影响的那个人或组织是可信赖的，并且具有良好的判断能力，我们觉得某种信念是对的，是有价值的，就会接受某个人或某个组织所倡导的信念，并把这些信念纳入自己的价值体系中。一旦它成了我们自己体系的一部分，成了我们的习惯，它就可以独立于发源者而成为自己的准则，并将变得非常难以改变。

在这四个阶段中，认知是最基础的，是静止的，可能会变成一种知识而不是导向一种行为。其他的三个阶段是动态的，是活的。

服从是由外在压迫或者诱惑所导致的，一般来说，服从行为都有制度或者权力作为背景，是制度规定的产物，没有制度规定或者权力约束，服从行为将变得不可预期。因此，服从与制度或者权力作用的时间与范围相关，脱离了某一个权力约束或制度规定的范围，服从行为可能就不会发生。

认同是内在的，但是，这种内在还停留在浅层，还不稳固，随着时间的流逝，随着自己认识的提高，随着对原来认同对象认识的更加全面，可能认同会发生改变，对新的更有说服力的对象产生认同。

内化也是内在的，但是与认同相比，它是一种更深层次的内在，是稳固的，不随环境、时间等外在条件的变化而变化。它既不像服从那样有赖于以奖励或惩罚形式出现的持续的督促，也不像认同那样取决于对认同对象持续不断的认可。内化使得某种理念或信念成为人不可分割的一部分。经过内化的阶段，某种信念才能变成文化，文化也就形成了。

● 无处不在的亚文化

1. 关注亚文化

在任何公司中，不同部分的行为都会各不相同。第一，不同的部门会拥有某种程度上并不相同的文化。这是因为部门各自的经营业务不同，因而对成功的基本要求也不同。第二，不同的部门也有各自的亚文化，比如财务管理部就不太可能具备投资部在市场中展现出的冒险精神。第三，公司内不同年龄群体的行为也会不同，在他们的成长过程中，影响他们的社会环境和其他环境不尽相同，老员工对世界的看法、对企业变革的态度与年轻人存在客观上的差异。第四，拥有不同教育背景与职业经历的人的行为也不同。具有海外教育与职业背景的，具有市场化或图利型文化背景的与具有政府或国有企业工作经历的人在一起，势必会存在不同的文化特点。

关键在于，要确定什么情况下公司各部分间的差异是健康的，而不是造成破坏的，应该关注那些强有力的，有时甚至是破坏性的亚文化的发展。如果各亚文化之间缺乏经常的正式或非正式的交流，那么亚文化就会向内发展并开始破坏整个公司。

（1）当亚文化之间的冲突外显化

亚文化变得过强的一个明显标志是，它们开始公开削弱彼此的势力。例如在会议上，财务部门试图战胜市场部门，或者一群年轻的印度工程师试图发起一场运动来破坏年长上司的权威。在亚文化之间存在一种健康的压力是有益的，但如果这种压力变得公开并具有破坏性，就预示着出问题了。

（2）当亚文化具有排他性

当亚文化想要建立排他性的俱乐部时，就意味着问题出现了。排他性俱乐部对会员入会有严格的限制，可以任意开除成员，仪式仅仅针对内部成员。只有所有员工齐心协力、同心同德，公司才会做得最好。如果将小团体的利益凌驾于他人之上，公司是不可能有最佳表现的。

（3）当亚文化价值观凌驾于公司价值观之上

在任何强文化公司里，每一个员工在任何时候都能告诉你公司支持什么或者其信念是什么。如果亚文化试图宣扬自己的信念高于公司的整体信念，则亚文化和企业文化的关系就本末倒置了。

平衡亚文化和企业文化整体之间的合理差异，是在诊断和管理企业文化方面最具技巧性的一部分内容。管理者至少应该清楚了解现有亚文化中正在发生的事情，并留心可能会出现的新亚文化群体。

2. 为我所用——管理亚文化

每种亚文化都有各自相应的环境和世界观，以及自己独特的英雄人物、礼仪仪式、语言和象征，并通过它们来传播特殊的价值观。与企业文化一样，亚文化也能塑造人们的信念，决定人们的行为。

在任何公司中，亚文化都很容易互相碰撞。如果公司的企业文化很强，这些冲突就会形成一种有益的紧张状态。但如果企业文化很弱，那么这些亚文化之间的冲突实际上就可能导致停顿。在强文化公司里，各个部门之间不会产生问题，因为企业文化的价值观和信念都相当强。当然在具体的工作中，存在差异是难免的。然而在弱文化环境中，亚文化则具有很大的破坏性。当企业的价值观不被人们理解时，亚文化就可能会支配行为，最终在企业里产生文化的偏移。有时它可能会带来不错的结果，例如大型公司中一个较强的研发部门可能与整个公司努力工作的思想冲突，不过这种冲突最终可能会导致创新的出现，使企业在当前并不擅长的领域内获得成功。然而另一方面，一个强势的销售部门也可能使整体的稳健文化偏离成为追求短期效益的文化，从而导致大量劣质产品的出现。

管理者面临的一项主要工作是，调和某一文化下各种亚文化的差异。一位理性的管理者可能会想方设法地把两个群体合二为一，让他们齐心协力。

（1）鼓励每个亚文化群体丰富自己的文化生活

理性的管理者并不担心亚文化会导致整体分裂，他会加强每一个亚文化，使其成为整体文化中一个有效的小团体。因此，他会经常参加庆祝某一亚文化的活动，参加授予亚文化中的英雄人物特殊荣誉的颁奖仪式，并且通常会认可亚文化的存在及其在更大的文化范围中的意义。

（2）尝试着让这些亚文化和小集体互相理解

对于可能会出现的文化冲突，理性管理者的典型做法是组建工作团队，存在冲突的群体各出一人作为团队成员，共同研究问题，提出系统性的建议。通过给每个群体设定任务，促使他们懂得如何解决与其他群体之间的矛盾。理性管理者会从两个方面受益：一是教育每个团队成员如何处理与其他群体的关系；二是每个群体会把基于自身经验产生的新观点带到实践中，解决与其他群体之间的问题。

（3）指出亚文化的力量会使企业整体文化更加丰富

一旦完成了互相学习和经验的分享，理性管理者就会打破他的原有方式，他会指出每种亚文化都可以给整体文化带来独特的力量和价值，而且这些亚文化本身也会提升自身的价值。这样，亚文化的冲突也就成为一种丰富整体文化和团结各个群体的专题交流研讨会。

强文化公司之所以强大，是因为它们能够包容差异。正是认识到了这一点，理性管理者才会热衷于在相互尊重的真正联姻中捕捉这些差异。在这个过程中，每个人都会觉得自己在文化中的作用更强大，以及作为团体的一分子更加有力。

二　确定行为特征

● 解析企业文化核心

（1）企业为谁——利润不是企业的第一使命

在企业哲学中，使命是指企业存在的价值、存在的理由或者说要解决企业为什么存在的问题。这本身可以分解为两个问题，一是企业自身存在的意义，二是企业存在对于社会的意义。企业性质不同，其对企业、股东、员工、客户、合作伙伴、社会等若干利益相关者的价值定位以及企业与它们的关系也不尽相同。

在一个特定的产业社会中，企业的存在价值又由贡献决定，企业为谁作多大贡献决定了自己存在的价值大小；在一个特定的产业社会中，企业必须遵循自己的价值承诺，处理好各种特定的社会关系或产业社会关系；并且，按照自己的存在价值与理由，谋求在产业价值链中不可替代的竞争地位。

回顾人类社会发展的历史，曾经有相当一段时间，人们认为企业仅仅是作为以营利为目的的组织，任务就是为股东谋取最大的利益，除此之外，企业对社会别无他责。随着社会的发展，这种对社会近乎冷漠的管理哲学开始受到质疑，一些大公司的经营人员提出了企业为实现长期利润的最大化，应当顾全股东、员工、顾客、供应商和社会公众利益的观点和利益均衡的管理哲学。也就是说，企业除了要为股东谋利、追求利润最大化之外，还要承担社会责任、肩负历史使命。实践证明，能永续发展的企业，无不与其坚持崇高的使命、自觉履行应尽的社会责任密切相关。

　　不同性质的企业有其特定的存在理由，因而也就有其不同的使命。回答企业立身之本也就是企业存在的理由问题，是讨论企业使命的出发点，也是进行企业战略决策的重要前提之一。而要回答企业立身之本这一战略核心问题，首先需要清楚企业中谁能真正对此问题负责。尽管一个企业的上上下下可能由许多人组成，其外部环境中还存在着各种各样的权利要求者，但在阐明企业立身之本这一问题时，实际上讨论的出发点是站在战略决策者的角度，特别是站在能够真正对企业经营成败负责并与企业共存亡的关键经营者或者法人代表的角度。从这一角度出发，企业生存必须兼顾以下几方面的利益群体。

　　一是客户——我们努力为客户提供一贯优质的超出其期望值的产品及服务，并引领客户需求。

　　二是股东/投资者——维护股东利益、引导股东作出有利于企业长期发展的决策、竭力使股东资产持续不断增值是我们天然的职责，是我们生存的基础。

　　三是合作伙伴——我们将以我们的文化赢得合作伙伴的信任与尊重，并尽力平衡各相关方的利益以维护彼此的共赢空间。

　　四是员工——我们最重要的资源是员工，我们致力于持续地为员工谋取最大的福祉，提供广阔的发展空间，以使员工在与我们共同成长的历程中实现自我价值。

　　五是社会——我们对于社会的价值远不仅仅是在提供产品和服务中体现，还在于恪守公众企业应然的商业伦理以及必要的无私奉献。

　　平衡发展的意义在于共赢。共生是一种自然现象。鳄鱼张开可怕的大嘴，牙签鸟悠闲地飞进鳄鱼嘴里：牙签鸟在给鳄鱼剔牙，在把鳄鱼牙缝里的残物消除干净的同时，它也吃饱了。牙签鸟和鳄鱼之间形成了一种和谐的共生关系。

（2）核心是什么

为什么中国的企业，尤其是国有企业如此急迫地需要建立自己的核心价值观呢？因为中国企业将在相当长的一段时间里更多地经历抉择的阵痛。做强与做大、专业化与多元化、本土化与全球化、激进与保守、变革与稳定、企业利益与社会利益、短期利益与长期利益、物质激励与精神激励、开放与封闭……核心价值观作用的最集中的体现便是当企业或者企业个人在企业运营过程中面临矛盾，处于两难选择时应当如何做的时候。这样做可以，那样做也可以，但必须有个决定，支持这个决定的便是企业文化的核心。

提倡什么，反对什么，弘扬什么，抑制什么，基本商业伦理和企业精神是什么？企业信仰必须遵循产业社会的一般道德准则。并且，有效地处理与人类社会以及个人价值准则之间的一系列重要关系：由此来约束与激励全体员工的决策行为，尊重相关者地位或满足相关者利益。

● 行为向理念的汇集——行为特征描述

如前文所述，利润不是企业文化的第一要义，于外资、民营企业如此，于国有企业更甚。从某种程度上说，国有企业肩负为社会经济发展贡献力量，并践行国家主流精神文明的任务。国有企业文化的理念，常常更关注忠诚、信任、责任、团结、坚毅、创新和进取。在此，我们介绍一种行为特征描述法，用来将抽象的企业核心价值观和企业文化具象化到实际的工作行为中去，用典型的行为特征解释企业文化的内涵，作为企业文化落地的手段。

行为特征描述法用于企业核心价值观的评价工作，通过确立企业核心价值观—解析企业核心价值观—列举核心价值观行为指标—描述行为指标的行为特征—构建核心价值观评价体系，来实现对员工践行企业核心价值观水平的测评，以达到核心价值观由理念到行动的落地。

步骤一：确定企业文化关键词、行为特征，针对行为特征区分为需要改进（第一层次）、满足预期（第二层次）和超出预期（第三层次）三个层次展开具体描述。

企业文化关键词：忠信、尽责、团结、坚毅、创新进取。

忠信行为指标：忠于国家利益、忠于公司利益、认同公司使命、认同企业文化、认同企业社会责任、忠于职守、爱岗敬业、依法合规、珍视信誉、恪守职业准则、言行一致、讲求信用、值得信赖、诚实正直、坦诚不掩饰、恪守道德准则、秉公处事、真诚待人、以人为本。

忠于国家利益行为特征：

第一层次：利用专业服务社会、报效国家。

第二层次：始终以国家利益为重，不做有损国家利益的事。

第三层次：自觉维护国家利益。

忠于公司利益行为特征：

第一层次：忠于公司利益，在个人利益和公司利益发生冲突时，强调个人利益，以个人利益为重。

第二层次：以公司利益至上，以主人翁的精神维护公司利益，积极维护公司品牌形象。

第三层次：正确处理个人利益与公司利益之间的关系，不做任何可能导致公司利益受损的事情，将公司的事当做自己的事，为公司发展献计献策，为公司利益最大化贡献自己的才智、能力和心血。

认同公司使命行为特征：

第一层次：认同公司事业、发展愿景和历史使命，按照契约和职责按部就班地完成本职工作。

第二层次：认同公司事业、发展愿景和历史使命，对公司事业充满热情。

第三层次：不仅对公司事业充满热情，还与他人共同规划发展愿景。发挥主观能动性为公司作贡献，真心诚意为公司谋求发展。

认同企业文化行为特征：

第一层次：忠于自己的理想和人格，坚守符合公司发展愿景，符合公司文化和价值观要求的职业行为。

第二层次：认同企业文化，按企业文化的要求自觉地塑造自己，成为企业文化的践行者。

第三层次：追寻企业愿景，引导和影响他人达成企业目标和愿景。

认同企业社会责任行为特征：

第一层次：认同公司对国家、股东、市场、员工等社会关系的责任。

第二层次：具有责任心和使命感，乐于承担对工作、企业和社会的责任。

第三层次：具有高度的使命感和责任感，不单纯追求利益最大化。能够担当和履行契约中没有约定但有利于公司、有利于国家和社会的责任。

忠于职守行为特征：

第一层次：在具体的岗位上自我约束，忠实对待公司交办的任务；业务中偶尔有为了完成业绩隐瞒对公司不利的信息的行为。

第二层次：严格遵守约定的责任和职业操守，坚决贯彻公司要求，忠实执行公司决策。在自己的责任范围内敢于担当。

第三层次：对公司规章制度没有明确规定的行为按公司利益最大化操作，做对的事情。

爱岗敬业行为特征：

第一层次：按照岗位职责和领导要求做好本职工作，勤奋工作，一丝不苟。

第二层次：热爱中国公司的事业，甘于奉献，积极创造高于契约约定的价值。

第三层次：无私奉献，尽心竭力不断为企业、股东创造价值。

依法合规行为特征：

第一层次：遵纪守法，尊重市场规则，遵守行业规则和行为准则。

第二层次：掌握市场运作规律，遵循市场化运作，按市场规律办事，不做有损市场规范的事。

第三层次：掌握和利用市场运作规律，重视做好内控和风险管理工作。

珍视信誉行为特征：

第一层次：珍惜维护自己的职业信誉，防范个人道德风险。

第二层次：思考个体想做的事情是否符合公司要求，熟悉和自觉防控自己和公司的声誉风险。

第三层次：站在对方的角度考虑和行动，以诚意做好事，为公司和自己争取荣誉。

恪守职业准则行为特征：

第一层次：不侵占公司的财务和利益，不损害客户的利益。

第二层次：不做与职业准则相违背的决定和行为。

第三层次：清晰地判断行为的正确与否，并坚决拒绝错误的行为。

言行一致行为特征：

第一层次：少说多做，不妄言、不轻易承诺；只有能够实现时才作出承诺，诚实地作出可行的承诺，并按承诺执行。

第二层次：信守与公司上下级达成的承诺。

第三层次：以高于承诺的标准要求自己并付诸行动。

讲求信用行为特征：

第一层次：追随公司的政策、标准以及与自己工作相关的目标。

第二层次：在交易活动中讲究信用，对客户和利益相关者诚信，信守与合作伙伴及交易对手达成的承诺。

第三层次：当因无法预测的原因而推迟时，坦诚地与其他人沟通，并寻求实现承诺的方式积极影响别人、引导他人讲信用，言行一致。

值得信赖行为特征：

第一层次：不能被广泛的信任，做不到或是不践行所作的承诺。

第二层次：行为与信仰保持一致，对别人尊重、公平、信任，让人放心。

第三层次：对客户负责，从客户的角度出发，主动为客户利益着想，提供高于客户期望值的可交付成果。

诚实正直行为特征：

第一层次：避免作正面答复或不保持立场，很难保守秘密，谈话脱离实际；对于自己的错误责备别人。

第二层次：以正确和有用的方式呈现原本的事实，不隐瞒问题，在重大信息面前不说假话；在关乎原则是非的讨论前捍卫正确的标准。

第三层次：积极维护企业的形象和利益，坚决制止损害企业形象和利益的行为。

坦诚不掩饰行为特征：

第一层次：在工作中诚恳表达意见和看法，对下级真实客观给予反馈，保持信心，勇于承认错误。

第二层次：发现他人错误的行为时，直言不讳地指出并帮助改正。

第三层次：为了对方利益和公司利益积极提出合理化建议，尽管可能不被采纳或对自己不利。

恪守道德准则行为特征：

第一层次：为了个人私利偶尔出现隐瞒真实信息等违反道德准则的行为。

第二层次：为人处事坦荡，从不阳奉阴违，不欺上瞒下，不矫揉造作，表里如一。

第三层次：自觉同不遵守基本道德准则和行为准则的人作斗争。

秉公处事行为特征：

第一层次：在工作思维中坚持实事求是；作判断、发表意见以客观事实为依据。

第二层次：清晰地分辨自己的行为对企业形象的影响，并作出营造企业积极形象的决定和行动。

第三层次：追求卓越，全心全意维护公司品牌、利益，与任何损害行为作斗争。

真诚待人行为特征：

第一层次：有时待人不相同或冷淡。

第二层次：诚实地对待自己和他人；以德立身，相互尊重，互相信赖；坦诚相待、互相帮助、互惠共赢。

第三层次：充分与人沟通，包容他人的行为、个性；容许失败，勇于担责任、讲奉献、重道义、知荣辱。

以人为本行为特征：

第一层次：片面强调和追求一方的利益。

第二层次：尊重人：尊重员工合法权益，尊重员工合理诉求；理解人：激发员工的发展愿望和动力，践行对愿景的承诺；关心人：提供舒心舒适的环境和条件，不断满足员工的需求；塑造人：为员工发展搭建自我展示、实现价值的平台。

第三层次：创造更好的环境。发挥更大的潜能，履行社会责任，积极回馈社会。

尽责行为指标：大局意识、清晰设定目标、最大化岗位价值、全面负责、敢于接受挑战、结果导向、创造附加价值、坚持专业标准、积极主动地行动、专注于寻求解决方案、高效执行、系统性思行、理性决策、勇于承担后果、交付高质量成果、关注细节、社会责任意识。

大局意识行为特征：

第一层次：仅了解本职工作的具体任务事项，不了解本职工作与公司全局的关系。

第二层次：理解本职工作在公司全局中的位置和作用，从促进公司整体利益的角度规划和开展本职工作。

第三层次：以上级管理者的视角分析和理解公司经营管理实践。

清晰设定目标行为特征：

第一层次：目标模糊不清或目标设定缺乏依据。

第二层次：根据任务要求设定明确的、可实现的工作目标。

第三层次：基于对本职工作价值和自身角色的理解，主动优化目标或设定更高目标。

最大化岗位价值行为特征：

第一层次：按最低限度要求完成本职岗位工作事项。

第二层次：理解本职岗位的职责范围和所应创造的价值，致力于最大化发挥本职岗位价值。

第三层次：挖掘本职岗位的潜在价值，为本职岗位赋予新价值。

全面负责行为特征：

第一层次：缺乏主人翁意识、不愿意承担责任，为工作失误寻找借口或责怪他人。

第二层次：视自己为当前工作事项的主人，对当前工作事项的执行过程和最终成果负全责。

第三层次：了解当前工作事项对整体任务的影响和作用，从支持整体任务目标达成的角度对当前工作任务负全责。

敢于接受挑战行为特征：

第一层次：安于现状，不愿尝试具备挑战性的任务。

第二层次：在被指派的情况下，愿意承担具备挑战性的任务。

第三层次：将挑战视作证明自身能力的机会，主动承担具备挑战性的工作。

结果导向行为特征：

第一层次：重过程和形式、轻结果和实效，不能真正解决问题或充分达成目标。

第二层次：重视结果和实效，始终围绕最终预期结果规划和开展工作。

第三层次：坚持追求预期结果，并能够选择最有效率的实现方式。

积极主动行为特征：

第一层次：多次告知或催促才采取行动、处理任务被动拖延。

第二层次：接受工作任务时，积极应对、行动迅速。

第三层次：根据公司业务发展方向，主动思考和规划本职工作重点，并积极采取行动。

高效执行行为特征：

第一层次：无法有效分解工作任务形成工作步骤，执行过程控制差，效果和效率不高。

第二层次：理解任务目标，有效分解工作任务，规划执行步骤，保证执行各环节按部就班地推进，最终达成任务目标。

第三层次：关注环境变化，并根据新情况优化任务目标和执行步骤，以较少的资源达成目标。

勇于承担后果行为特征：

第一层次：掩盖工作中出现的或可能出现的问题，为问题寻找借口、推卸责任。

第二层次：通盘考虑执行过程可能出现的问题，对自身责任范围的事项勇于承担后果，对超出自身责任范围的事项及时向上级汇报。

第三层次：对于存在风险和异议的事项，一旦公司决定做，就坚决执行并勇于承担后果。

交付高质量成果行为特征：

第一层次：做事略显敷衍、实际交付成果质量与预期有差距。

第二层次：认真专注，实际交付成果完全达到任务事项的目标和要求。

第三层次：全面缜密、标高超越，实际交付成果超出任务事项的目标和要求。

关注细节行为特征：

第一层次：缺乏耐心，不太注重细节。

第二层次：细致缜密，善于识别和把控工作事项的关键细节。

第三层次：见微知著，动态跟踪细节变化并调整策略。

团结行为指标：目标明确、服从有效决策、具有团队精神、注重协作、注重协调、坦诚沟通、乐于分享、尊重他人、尊重不同文化、支持互助、取长补短、互信共赢。

目标明确行为特征：

第一层次：不明确团队总体目标，也不清晰自身在团队中的角色定位，且不主动去了解。

第二层次：明确团队总体目标和自己在团队中的职责；能够善始善终，为实现目标努力。

第三层次：理解团队总体目标和团队中每个成员的角色分工，并积极推动目标实现。

服从有效决策行为特征：

第一层次：擅自行为，不服从团队最终决策或不接受团队任务安排。

第二层次：服从团队最终决策，按决策要求保质完成工作任务。

第三层次：积极参与决策前讨论与思考，理解最终决策意图，并有效执行最终决策。

具有团队精神行为特征：

第一层次：按个人喜好行事或不按要求行事，常常影响团队目标的实现。

第二层次：准确理解团队任务要求，按照团队分工行事，按时提交工作成果。

第三层次：按时高质完成工作，并为团队其他成员提供帮助。

注重协作行为特征：

第一层次：不愿或不能与他人协作，对团队其他成员的工作造成困扰。

第二层次：与团队成员合作解决问题，认识到自己的行为对他人的影响，并根据他人反馈作出适当调整，以保证任务的完成。

第三层次：在与团队其他成员的积极配合中工作，并为他人提供帮助，协调团队协作，推动团队目标的实现。

注重协调行为特征：

第一层次：不能协调与团队内部上、下级及伙伴的关系，也不能处理好与外部客户或相关人员的关系。

第二层次：理解上级工作安排意图，合理为下级分配工作，与内外部合作伙伴开展良好通畅的合作。

第三层次：主动完善工作并思考进一步工作安排，与上级领导及时沟通，提前筹划下一步工作；积极建立并经营外部关系。

坦诚沟通行为特征：

第一层次：不积极沟通有效信息；或沟通时不明确任务，不以目标为导向，无法实现目标。

第二层次：及时沟通相关信息，从有助于工作开展的角度出发，诚实客观。

第三层次：遇到问题主动沟通，能够理解他人意图，并提出解决问题的建议。

乐于分享行为特征：

第一层次：不愿分享有利于团队工作开展的信息、成果。

第二层次：积极与他人分享获得的有效信息、最佳知识与成果，在分享讨论中获得整体和个人的提升。

第三层次：善于总结，带领和组织他人共同分享有用成果并运用到实际工作中。

尊重他人行为特征：

第一层次：不注重交流方式与工作方法，不顾及他人的要求和感受。

第二层次：理解他人并尊重差异。

第三层次：遇事换位思考，根据情况的不同采取合适的工作和沟通方式。

尊重不同文化行为特征：

第一层次：不能适应并排斥不同的文化和习惯。

第二层次：欣赏不同文化，包容多元化的存在。

第三层次：从不同的文化中寻找相通或值得借鉴之处，团结不同文化人群，主动了解学习。

支持互助行为特征：

第一层次：不能意识到他人的困难，或即使发现他人身处困境，依然秉行"事不关己"，不予提供帮助。

第二层次：在他人遇到困难寻求帮助时，提供力所能及的帮助。

第三层次：善于发现他人的困难，主动提供帮助。

取长补短行为特征：

第一层次：不注意观察他人优点，不善于向他人学习。

第二层次：能够发现他人长处并具有自省意识，不断努力改进、完善自身。

第三层次：谦虚谨慎，乐于主动向有特长的人虚心请教，并学以致用。

互信共赢行为特征：

第一层次：对团队其他成员缺乏信任，缺乏集体荣誉感。

第二层次：积极参与集体行动，对团队成员充分信任，通过团队合作与努力，与团队共同成长。

第三层次：为团队荣誉和整体利益努力，积极带动团队谋求团队整体的提升，从团队整体提升中获得个人提高，通过个人提升促进团队再成长。

坚毅的行为指标：坚持学习、具有坚定信念、锲而不舍、实干精神、勇于担当、运用所学、热忱敬业、职业准则、坚守原则。

坚持学习行为特征：

第一层次：工作过程中不善于向经验丰富的人学习，机械照搬现有经验和模式。

第二层次：能够虚心向有经验者学习。

第三层次：在工作过程中乐于向经验丰富者学习并适时与他人分享工作经验或知识。

具有坚定信念行为特征：

第一层次：做事信心不足，面对困难容易退缩。

第二层次：能够坚持完成各项工作，充满信心地倡导并坚定地追求自己的观点。

第三层次：面对困难不退缩，攻坚克难，坚定的信念对其他同事产生较强的感染力。

锲而不舍行为特征：

第一层次：意志不坚定、朝三暮四，没有稳定的心态。

第二层次：意志坚定，能够持之以恒地完成挑战性的任务。

第三层次：将困难视作证明自身能力的机会，能够有效解决问题并举一反三，坚持而不失灵活。

实干精神行为特征：

第一层次：遇到问题夸夸其谈，言之无物，好高骛远，急功近利。

第二层次：做事按部就班。

第三层次：做事认真、严谨，围绕问题积极思考，能够有效解决问题并提出中肯建议。

勇于担当行为特征：

第一层次：避免承担责任或一味寻求帮助。

第二层次：自觉历练、通盘考虑执行过程中可能出现的问题，对自身责任范围的事项勇于承担后果，对于超出自身责任范围的事项及时向上级汇报。

第三层次：在其他同事有困难且自身具备处理该问题的能力时提供有力帮助，对于存在风险和异议的事项，一旦公司决定做就坚决执行并勇于承担后果。

运用所学行为特征：

第一层次：方法一成不变，不能掌握核心流程，不培养技能。

第二层次：运用以往经验中汲取的知识快速解决问题，在完成日常任务时展现出卓越的技术专长。

第三层次：根据以往经验预见问题并主动采取有效的解决方法，能够利用自己的技术专长帮助团队或他人解决各种问题。

热忱敬业行为特征：

第一层次：对工作缺乏热情，抱着得过且过的心态对待工作和质量。

第二层次：以饱满的热情承担工作，表现出强烈的事业心和对事业目标的不懈追求。

第三层次：对公司的事业表现出强烈的认同和热爱。

职业准则行为特征：

第一层次：漠视职业准则，对自己行为的正确与否不能作出准确判断。

第二层次：恪守职业准则，清晰判断自己的行为正确与否。

第三层次：恪守职业准则，清晰分辨自己的行为对企业的影响，并作出营造企业积极形象的决定和行为。

坚持原则行为特征：

第一层次：对公司规章制度的制定原则不够了解。

第二层次：准确把握公司规章制度的制定原则，并将其作为工作的准绳和指导。

第三层次：根据业务实践对公司规章制度提出优化建议，推动公司规章制度的完善。

进取创新的行为指标：前瞻性思维、创新性思维、关注市场、拓展外部网络、独具特长、专业求精、持续学习、树立标杆、长远规划、随需而变。

前瞻性思维行为特征：

第一层次：对内外部出现的新趋势反应迟缓，不能准确把握机遇或挑战。

第二层次：从新的信息中预见机遇或挑战并作出判断，把握内外部变化趋势并作出相应调整。

第三层次：准确把握内外部发展趋势，并用以改进工作、推动业务线或公司始终保持领先优势。

创新性思维行为特征：

第一层次：墨守成规，极少创造性地思考问题。

第二层次：主动思考和发现经营管理中存在的问题，并提出合理化建议，推动促成其实现。

第三层次：善于发现现有经营管理中不合理的方面，总有创新的主张并有明确思路去推动创新目标的实现，带动或鼓励他人提出创新观点。

关注市场行为特征：

第一层次：对市场情况不了解或只有初步了解，工作中的反应与市场情况脱节。

第二层次：对市场变化情况保持敏锐的观察，在工作中应用相关知识并提出独到见解。

第三层次：对市场情况了如指掌，充分掌握市场发展动态和政策动态，并用于增强公司的市场竞争优势。

拓展外部网络行为特征：

第一层次：只依赖内部资源获取知识和经验。

第二层次：整合利用外部资源，主动开拓在业界的人脉网络，交流最新的行业资讯。

第三层次：建立广泛的外部网络关系，不断获取最佳实践经验并用于解决实际业务问题。

独具特长行为特征：

第一层次：未掌握岗位所需的核心技能，依赖他人解决技术问题。

第二层次：具有卓越的技术专长，成为组织内的技术资源。

第三层次：作为技术专家，对他人提供充分的技术支持和协助。

专业求精行为特征：

第一层次：满足于现有的技术水平，不愿意研究新方法、新课题、新技术。

第二层次：紧跟专业领域发展的步伐，及时学习新的技术和专业知识。

第三层次：积极寻找机会来获取专业技术和其他领域的新技术，拓展技术专长并应用于改进工作成果。

持续学习行为特征：

第一层次：不愿意学习，工作方法一成不变，在方法和知识水平上多次犯同样的错误。

第二层次：积极参加公司组织的学习培训并适当开展自学，学习进步的速度与公司发展的要求相适应，利用学习的知识解决业务中遇到的问题。

第三层次：有强烈的求知欲，在学习培训中表现优异，主动利用业余时间开展自学，利用所学知识预见和解决问题。

树立标杆行为特征：

第一层次：只专注自身工作，不关心他人的成果和经验。

第二层次：主动向优秀的同事学习，对照改进自身不足。

第三层次：倡导树立内部标杆，推动先进经验的总结和推广。

长远规划行为特征：

第一层次：对事业发展没有清晰目标，走一步算一步。

第二层次：妥善规划自己的事业发展，明确发展步骤与每一阶段需要改进的方向。

第三层次：帮助他人开展职业生涯规划，提出改进建议。

随需而变行为特征：

第一层次：缺乏应对突发情况的能力和准备，面对工作中出现的意外情况束手无策。

第二层次：具有应对突发情况的预案，有较强的时间管理能力，从容应对工作中出现的不确定性。

第三层次：很好地处理意外情况，同时将不确定的情况转化为学习和提升能力的机会。

步骤二：针对每一个行为特征，总结提炼处于不同职级的人相应的典型行为描述。

核心价值观的行为解构——区分职级

忠信	高	使命愿景激励	维护公司形象	传递信任	对公司未来充满热情			
	中	使命愿景引导	捍卫公司利益	信守承诺	积极看待公司现状			
	低	使命愿景认同	严于律己	真实可靠	关注公司发展			
尽责	高	具有大局意识	创造附加价值跨界贡献	弘扬社会正义	系统性决策	明确设定目标		
	中	对工作全面负责	最大化岗位价值	承担社会责任	工作思路清晰	重视结果和实效		
	低	坚守职责	交付高质量成果	关注社会事务	关注细节	勇于承担责任		
团结	高	具有远见	鼓励跨界协作	整合资源	创造共享平台	尊重不同文化	带领成长，实现共赢	
	中	顾全大局	注重协调	打造多样化团队	鼓励讨论	求同存异	发展团队	
	低	服从团队目标	坦诚沟通	注重团队协作	乐于分享	尊重他人	支持互助	
坚毅	高	概念具体化	强调可行性	积累成功要素	清除障碍	知行合一		
	中	专注于目标	高效执行	付出持续努力	战胜困难	尊重规律		
	低	具备实干精神	讲求效率	富有耐心	不轻易妥协	边学边干		
创新进取	高	具有前瞻性	开拓变革	贡献和传播知识	以宏观思维引领发展	搭建战略合作网络	专业求精	促进团队成长
	中	富有创新意识	随需而变	学以致用	关注市场动态	拓展外部网络	具备技术专长	挑战自我
	低	勇于接受挑战	适应变化	持续学习	关注外部因素	培育外部关系资源	不断追求进步	树立标杆

在确定行为特征后，对应相应的职级，按照行为特征描述为员工的行为进行评分，超出预期的员工将是核心价值观践行的标杆人物，标杆人物的树立同样也是企业文化建设的重要方法；而对未达预期的员工也会有相应的帮助提高措施。

通过对行为特征描述的方法，将抽象的文化具象为可观测的行为，纳入对员工的测评或考核，作为员工晋升要素的必要考察参考，有助于企业核心价值观的内化。

三　自上而下，自下而上：凝聚共识与推广

"我遵从经理、老板所说的，因为这样我可以避免惩罚，带来奖赏。"

"我喜欢经理，信任经理，我认同他的观点，所以我愿意去做。"

"我愿意按经理所说的去做，因为我与我们老板有着相同的信仰和价值观。"

——在塑造文化的四个阶段，组织应该根据所处阶段的不同，采取不同的方法和手段，对文化进行自上而下与自下而上相结合的宣灌，把组织塑造成有文化的组织，把组织成员塑造成信仰组织信仰的成员。

在认知阶段，组织应该明确宣扬自己的文化，使得组织成员能够全面、准确地认知组织的信仰。

在服从阶段，组织应该加强制度建设，为文化在组织中的推进保驾护航。对违反组织文化的行为，坚决地进行惩治；对维护组织文化的行为，及时地加以奖励，从而保证文化在组织内部的畅通无阻。

在认同阶段，组织应该长久持续地通过歌曲、仪式、故事等各种手段，使得组织成员对文化心生敬重，使得浅层的认同向深层的内化

转换。

组织成员将组织文化内化之后，还应该继续加强宣传教育，因为文化不是一蹴而就的，而是需要经过艰苦的努力，要经历多次反复才能成功。

企业文化的载体——礼仪庆典

马文·鲍尔在《管理意志》一书中指出，经理人员的责任在于向他手下的工作人员交代清楚"我们这里是如何进行工作的"。强有力的企业文化正是通过外化为员工的日常工作方式、交流途径、办事程序等，为员工提供行动的指南。通过文化经理是能够并且应该对员工的行为和时间支配加以影响的，如规范语言、约定共同遵守的礼仪、影响员工个人的人际行为，关键问题在于经理人员是否有意识积极地施加这一影响。

同时各种象征性活动如表彰奖励、聚会以及文娱活动等具体地体现了公司基本的文化价值，将员工结合起来，化解矛盾冲突，增强员工的归属感和认同感，有助于文化的更新。

日常的礼仪和庆典是企业文化的载体，任何文化如果没有生动感人的重大活动都是会消亡的。没有形式，文化便丧失了其独特性质；没有日常礼仪，重要的价值观也无法产生影响。日常礼仪与庆典之于企业文化就像电影之于剧本、音乐会之于乐谱，是使得企业文化得以发展和延续的重要因素。

企业文化的传播渠道——文化网络

文化网络是一种非正式的信息传递渠道，它在传递信息的同时进一步解释信息背后的文化含义。在强有力的文化中，这种网络往往很有力量，它可以增强公司的基本信念，通过传播英雄人物事迹和成就加强英雄人物的象征价值，为行政主管人员提供施加影响的渠道。在企业内，发挥这个网络的作用可能成为完成一件任务的唯一办法。

　　文化网络的信息传递依靠的是人而不是文件。阿伦·肯尼迪和特伦斯·迪尔详细分析了文化网络中的七种关键人物在系统中的地位和作用：逸事传播者、说教者、说悄悄话的人、传闲话的人、秘书信息源、消息探听者、小集团。作为经理人员，要了解公司员工的真正想法并影响其日常行为就必须发挥文化网络的作用，承认网络的存在及重要性，并亲自培植一个有适当联系的网络使自己成为其中一员，广泛利用逸事和故事来增强价值观影响力。充分认识并且积极利用文化网络，有助于公司目标的实现。

　　文化网络，也就是我们所说的文化传播渠道，启示我们在文化建设中要有意识地构建畅通的传播渠道。"小集团"也就是我们所关注的亚文化。本书将文化传播的渠道集中于各种各样的"人"，尽管读起来很有意思，但是难免有其时代的局限性。

第十一章 标杆：旗帜的力量

如果价值是文化的灵魂，那么英雄就是这些价值的化身和组织结构力量的集中体现。在强文化中，英雄是中流砥柱……英雄是一个巨大的火车头，是每个遇到困难的人都想依靠的对象，他们有着不可动摇的个性和作风，他们所做的事情是人人想做而不敢做的。英雄们是一种象征，他们的行为超乎寻常，但离我们并不遥远。他们常常好似戏剧性地向人们显示，成功是在人们力所能及的范围之内的。

——特雷斯·E·迪尔、阿伦·A·肯尼迪

一　企业文化的人格化——英雄人物

• 英雄就在你我之间

价值观在一家公司中为人们所共同信奉，依靠的是公司文化中所有其他各项要素的促进，起主要作用的还是公司中的英雄人物。经理人员是制度掌管者，而英雄人物则是制度的创造者，他们象征着梦想，对外代表公司形象，保持公司的与众不同，对内向企业的员工昭示成功的理想是人们力所能及的。英雄人物通过在组织中激起员工的责任感来鼓舞他们，使公司更容忍风险，接受长远的成就价值观。

企业中的英雄既有天生的英雄，也有后天因势而造的英雄。天生的英雄用梦想创建了企业，他们具有百折不挠的精神，对于企业的持续成功有一种强烈的个人责任感，建立了在身后仍能保持下去的制度，为世界提供了带有个人色彩的价值观。同时，具有强有力的文化的企业擅长于识别和创造"时势造就的英雄"，晋升能体现企业关键价值观的员工。例如，企业可以巧妙地利用栽培"无法无天"的人来缓解组织的紧张压抑状态；树立变革的典型人物以指示方向，促进变革；塑造体现文化标准的英雄保持公司原有的运作方式。天生的英雄的影响是广泛而富有哲理的，时势造就的英雄则以他们日常成功的范例鼓舞着员工。

阿伦·肯尼迪和特伦斯·迪尔认为，虽然激励员工是一门复杂的学问，但是它是以"我们在生活的某个阶段都需要觉得自己是重要的"简单认识为基础的。集中体现了人们最美好品质的英雄，是企业文化的要素和希望。

将英雄人物作为企业文化的重要元素，这是美国文化不折不扣的体现。美国文化崇尚"孤胆英雄"、个人英雄主义，尊重个人的成功，这一点在跨文化研究者"个人主义对集体主义"这一维度的研究中得到了证实。由此也引发了企业文化界"企业文化是老板文化还是员工文化"这一旷日持久的争论。

• 3M——用英雄事迹塑造企业文化

在3M公司，一直流传着理查·宝尔发明思高遮蔽胶带的英雄事迹。有一天他去拜访汽车工厂的顾客，正好碰到汽车涂装工人因为使用胶带固定旧报纸在喷漆完后，撕下胶时喷妥的油漆跟着一并剥落而大发脾气。这个情景引发宝尔的创意："能否制作一种能粘贴自如又不会损伤涂装的胶带？不但使涂装更轻松方便，加工处理也可以更整齐美观"。之后，宝尔在三个月的期间内测试过所有的黏剂，失败多次后，终于研发出"非烘干胶带"。但宝尔并不以此次的成功而满足，仍然持续进行改良，三年后将此种遮蔽胶带重新命名为现在知名的"思高胶带"。3M 公司以这则英雄事迹来传承其特有的企业文化：员工若是自己想研究某些课题，可以不需预先禀报上司，只要自行调配工作时间即可。也因此，造就 3M 成为一个非常有创意的团队。卓越的企业皆有其英雄事迹，它们会妥善地搜集事迹资料，因为这些事迹代表组织在发展中的实践愿景及价值的明证，它明确地让成员知道什么行为是在维护公司的理想、理念与价值。另外，它会被有效地运用在组织中，不论是在新进员工的训练中，还是在团队的训练与聚会互动中，或是在平时的员工对话及组织决策思考中，因为他们知道，文化传承中故事典范的分享往往是最好的方式。

在组织中，英雄人物不一定是身处高位的领导者，他可以是组织中的任何成员。只要他的行为是公司设立绩效的标准，对组织愿景的达成有贡献，可以提供学习的榜样，是企业对外的表征，可以鼓舞员工的士气就行。

二 为什么要有企业英雄

• 标杆是一个群体

企业中的标杆人物，是在企业各项活动中涌现出来的具有较高思想水平、业务技术能力、取得突出工作业绩的劳动模范、先进骨干和英雄人物。通常具有如下特质：

（1）理想性：卓越地体现了企业价值观和企业精神的某个方面，与企业的理想追求一致。

（2）先进性：在其卓越地体现企业精神等方面，取得了比一般职工更多的实绩，起到领头羊的作用。

（3）可学性：他们的所作所为离常人并不遥远，显示出普普通通的人也能够完成非同寻常的工作。

三种特质应比较突出，使其他人能够毫无争议地感觉出来。但不能求全责备，即不能要求英雄个体全面体现企业精神的各个方面，不能要求他们在所有方面都先进，不能指望企业全体职工从一个英雄身上就能学会一切。

一个企业的标杆不应是某个个人，而是应由企业的"英雄群体"构成。

（1）全面性：卓越的英雄群体是完整的企业精神的化身，是企业价值观念体系的全盘体现。

（2）层次性：群体中不仅有体现企业价值的模范，也有灌输价值观念、培育企业精神的先进领导，还有企业价值观和企业精神的卓越设计者，分为多层次。

（3）多样性：英雄辈出，群星灿烂，却找不出两个完全相同的、可以相互替代的人，表现出多样性。

我国国有企业的标杆，大致可以分为以下几种类型：

（1）领袖型：有极高的精神境界和理想追求，有一整套符合企业发展规律的价值观念体系，在不同的企业担任领导都能把企业办得很好，许多濒临绝境的企业被他们一一救活。

（2）开拓型：永不满足现状，勇于革新，锐意进取，不断进入新领域，敢于突破新水平。

（3）民主型：善于处理人际关系，发挥大家的聪明才智，集思广益，能把许多小股力量凝聚成为无坚不摧的巨大力量。

（4）实干型：埋头苦干，脚踏实地，数十年如一日，如老黄牛贡献出自己的全部力量。

（5）智慧型：知识渊博，思路开阔，崇尚巧干，常有锦囊妙计，好点子、好主意层出不穷。

（6）坚毅型：越困难干劲越足，越危险越挺身而出，关键时刻挑大梁，百折不挠。

（7）廉洁型：一身正气，两袖清风，办事公正，深得民心，为企业的文明作出榜样。

● 标杆的"魔力"

（1）标杆的作用

——具体化的作用。英雄群体是企业精神和企业价值观体系的化身，从而向员工具体展示了精神和观念上的内容，客观上起到了灌输价值观念和培训企业精神的作用。

——品质化的作用。企业英雄群体，把企业价值观体系和企业精神内化成了自身品质，从而使一个企业具有价值的东西得以保存、积累并传递下去。

——规范化的作用。企业英雄群体的出现，为全体员工树立了榜样，使全体员工知道应该怎样行动，从而规范了员工行为，而且这种规范不是生硬的而是自然的，是被英雄事迹所感动、所鼓舞、所吸引而形成的，因而是文化规范。

——凝聚化作用。每个英雄都有一批崇拜者，所有的英雄又都环绕着领袖型英雄，从而使整个企业成为紧密团结的、有文明竞争力的组织。

——形象化的作用。企业英雄群体是企业形象的一个极其重要的组成部分，外界有时就是通过企业英雄来了解和评价企业的。

（2）传奇标杆

——留住企业的独特魅力。还有谁比托马斯·爱迪生和查尔斯·斯坦梅茨更像英雄，更能体现通用电气公司工程师的形象？这两个人都为科学的进步作出了巨大贡献。通过对这些巨人的不断回忆，通用电气公司的精神不断鼓舞着新一代的工程师和科学家。

——树立绩效标杆。当埃德·卡尔森接管陷入困境的美国联合航空公司时，公司内部官僚作风严重，几乎无法正常运行。卡尔森知道他必须激励每个人，甚至包括行李搬运工。他走马上任后，在第一年里旅行了186000英里，检查航空公司设在各地的营业网点。每到一处，卡尔森都会告诉大家航空公司管理层发生的变动，并鼓励他们在自己的职责范围内做出他们认为最有利于公司的事情。

原《纽约时报》记者、作家盖伊·塔里斯这样描述该报创始人阿道夫·奥克斯。有一次《纽约时报》的编辑们因为他们成功报道了一个重要事件而庆祝时，阿道夫·奥克斯沉默地坐在那里注视着大家。突然，他让大家安静下来，说他在另一家报纸的报道中读到了一个细节，而这一点似乎被《纽约时报》遗漏了。他对大家说："我要的是全部细节。"

——激励员工的积极性。最重要的是，英雄人物提供了一种"组织内部的持久影响力"。托马斯·沃森、查尔斯·斯坦梅茨、约翰逊以及威廉·普罗克特的价值观，至今依然是聚合他们所创立的组织的

"黏合剂"。《纽约时报》刊登的一则奥克斯最喜爱的故事至今仍在流传。故事讲的是中世纪的一位旅行者在路边遇到三个石匠，并依次问他们在干什么。第一个人回答"我在凿石块"，第二个人回答"我在建基石"，第三个人却说"我在造教堂"。《纽约时报》的力量就在于体现这样一个事实：它的员工都是"教堂的建造者"，而不仅仅是"石匠"，这正是奥克斯所鼓励的。

三 天生的英雄也需要造就

企业英雄的培育，包括塑造、认定和奖励三个环节。

企业英雄的塑造，主要靠灌输企业价值观念和企业精神来进行，开展企业文化修炼。这意味着要改变现代西方传统的管理方式，正如美国管理学家所承认的那样："英雄主义是几乎被现代管理忘掉的东西中的一个重要部分。从 20 世纪 20 年代起，企业界一直被理性主义的经理们所统治着。理性主义的经理们，一天到晚忙着规划策略、写备忘录和设计流程图，可就是不研究怎样使普通人成为英雄，不静心培育与扶植革新闯将，不关心人的精神追求。因此，塑造英雄就得改变这种管理方式。西方也有一些企业是关心人及其精神追求的，因而也孕育了一些英雄，特别是出现了一批"共生英雄"。

中国企业具有发现标杆、重视标杆、培育标杆的传统，企业标杆是在企业发展实践中产生出来并得以成长的，真正成为人们学习的榜样需要企业的培育和宣传，是企业英雄良好的素质所具有的内在条件与企业的客观环境形成的催化力共同作用的结果。现代企业应该把企业孕育英雄的传统继承下来，并结合当前社会发展需要的价值观念和企业精神来充实、丰富和发展。

时势造英雄。企业造就英雄，要注意善于发现苗子，主动培育、引导英雄的成长；要创造必要的条件，形成恰当的氛围，增长他们的知识，开阔他们的视野，扩展其活动领域。切忌脱离企业员工。要认真总结经验，并加以提炼和提升，积极开展宣传和传播活动，提高企业英雄的知名度和感染力，也应避免随意拔高、夸大其词、过分吹捧和大肆宣扬，要关心和爱护企业的标杆人物，因为那代表了企业文化落地的模范。

对企业英雄的奖励，不应该只是一种报酬，而更应该是一种精神价值的肯定，一种文化的激励与象征；不应该只是对英雄过去的成绩的肯定，而更应该是对英雄未来的期望；不应该只是着眼于英雄本人，而更应该是着眼于能够产生更多的英雄。因此，优秀的企业在有关如何奖励英雄这个问题上往往"别出心裁"。

与此同时，企业英雄也要不断超越自己，加强修炼，使自身素质和整个企业文化跃上新的台阶。

第十二章　企业文化、能力素质与
行为评价

　　截至目前，我们已经讨论过了企业文化的主要因素，以及如何开展企业文化建设。企业文化最终是要为企业发展所用的，在接下来的两个章节中，我们将与读者分享如何将企业文化与企业经营管理相结合。由于文化是附着在"人"身上的一种特质，由人创造，由人展现，也由人来传承，所以企业文化与管理的结合点自然就落在"合适"的人身上，也就是如何选出合适的人，以及如何评价和激励约束合适的人。当企业的员工都能够"又红又专"时，企业文化的能量就可以最大限度地转化为企业的市场竞争力和生命力。

一　从企业文化到员工行为

● 海底捞为什么你学不会？

　　近年来，四川海底捞餐饮股份有限公司（简称"海底捞"）的名声随着分店的不断扩张，社会口碑的升温和一本名为《海底捞你学不会》的畅销书而蜚声海内外。海底捞的口味未必称得上是最好的，但是它的服务质量在同等的价格水平上，甚至与很多高档的服务类企业相比，都是当之无愧的魁首。实际上，很多高档服务类企业虽然提供极其"尊贵"的贵宾服务，但人家一是看在动辄成千上万的"孔方兄"面子上，二也是按规范的流程操作给你作出"职业化的礼貌"。而海底捞可不简单，虽然服务员奔忙辛苦，但乐呵呵的表情都是打心底里绽放出来的。他们与顾客聊天的轻松劲儿，让顾客感觉好像在跟老朋友或家里人说话。他们愿意为顾客提供更好的服务而绞尽脑汁甚至自掏腰包，难怪大家在微博上都惊呼"地球人已经无法阻止海底捞了"！

海底捞成立于 1994 年，创始人张勇从一张桌子摆摊起家，经过十多年的发展，截至 2012 年已经在全国 15 个城市拥有 60 多家直营店，4 个大型现代物流配送基地和 1 个原料生产基地，共有员工 14000 多人。正如《海底捞你学不会》所说的，做餐馆的"开一家容易，开两家难，三家不死，才是神仙"。海底捞成功以后，各地出现了很多模仿者，甚至让海底捞不得不打起了侵权官司。这些模仿者中大部分都引入了海底捞的服务策略，比如等座的时候提供免费小吃饮料和美甲、擦鞋服务，提供上网空间，还有吃饭的时候提供围裙和眼睛布等。虽然其中不乏在当地大受欢迎的模仿明星，但能像海底捞一样稳步持续扩张的却寥寥无几。有人将其中的重要原因归结为海底捞对员工的信任，因为没有几家店敢于学海底捞的授权体系，将免单权下放到普通的服务员。

海底捞之所以很难学会，免单权是原因之一，但更重要的原因是海底捞的企业文化体系。这个体系是海底捞独有的，与海底捞的 DNA 相符合，而当其他企业企图复制到自己身上时，就会发现出现了"排斥"反应。

　　在海底捞的企业文化中，张勇准确地找出了企业 DNA 的最大一个特点，那就是员工主要由农民工组成。他有针对性地找到了适合这种 DNA 的成长要素，那就是让这些在原有条件下很难实现"城市梦"的员工相信，只要在海底捞的组织中贡献力量，只要服务好顾客，总有一天能够超越和摆脱自己原来条件的不足，圆自己和父辈的"城市梦"。正是这种强大的文化动力，而不是从哪个商学院出来的管理学理论，引导海底捞搭建了独具特色的组织架构、管理机制、服务理念，实践着"打造我们自己的组织，帮助成员用双手改变自己的命运"的思想。师徒制、传帮带、家庭观念、群众监督、集体智慧、最佳实践、集体荣誉……都是适用于海底捞 DNA 的管理模式。

　　海底捞企业文化中所展现出来的"以人为本"比同行业更加踏实和高明。因为海底捞已经跳出了"顾客就是上帝"的框框，追根溯源，发掘出"服务好员工才能服务好顾客"的真谛。一方面通过对生活 360 度的细节关怀，让在城市中感到陌生的员工重新找回家的感觉，另一方面在队伍建设、职业生涯管理、领导力建设、流程控制、文化传承体系等方面做好基础建设。也正是在这种企业文化氛围中，海底捞所有员工所自然展现出来的行为，与整个组织的战略目标和发展理念密切吻合，并不断丰富、完善和巩固良好的企业文化，形成良性循环，确保企业发展拥有源源不断的文化动力，也推动海底捞品牌不断升值。

　　因此，海底捞你并不是学不会，而是学的方法不对。模仿者从一开始就打错了算盘，他们应该做的是琢磨打造适合自己 DNA 同时又具有市场生命力的文化体系。海底捞的管理体制只是企业文化的外在表现，如果生硬地移植到一家银行或者一家制造企业，那可能就会出大问题。实际上，海底捞自身也在根据 DNA 的演进而不断调整和更新企业文化，比如当出现越来越多的大学生员工时，原来针对农民工群体的很多文化理念就要修改了，随着集团规模的扩大，层级管理模式也要作出相应的变化。

● 企业文化与员工行为

通过海底捞的案例，我们看到一家企业的经营行为主要是由所有员工的行为所构成的，经营绩效往往也取决于员工行为的效果和产品、服务的质量。那么，如何才能让员工的行为总是朝着最合理的方向去做呢？

有的经理人常说"企业文化决定员工行为"，这句话也对也不对。首先，员工的行为是员工自身价值观和内在感受的外在体现，自然受到企业文化的影响。例如，当员工认为满足上级领导的需求胜过满足客户的需求时，他会很自然地在与领导谈话时拒接客户打来的电话；而如果相反，他则会为了接听客户的电话而随时中断与领导的谈话。又比如当他感到紧张、失落和不满时，会自然产生一种懈怠情绪，这种情绪在工作中可能就表现为效率低或态度差等。所以，价值观和感受会产生相应的动机，动机引发行为，行为产生结果。每个人的价值观和感受必然受到企业文化及相应的工作环境的影响。

在不同企业文化下的员工，或者在同一企业文化下但接受和理解程度不同的员工，待人接物的行为特征可能会大相径庭。在着眼长期发展、积极稳健的企业文化下，员工会普遍着眼未来、警惕短期行为，维护企业利益；在追求短期利益、冲动冒进的企业文化下，员工会无视风险，倾向于牺牲长期利益以换取短期利益。在以客户利益为中心的企业文化下，员工会充分发挥才智，利用现有资源或开发新的资源以更好地服务客户；在以企业利益为中心的企业文化下，员工则会不顾客户的实际需求去进行营销，并避免为售后服务付出成本。

上面那句话的另外一面是"员工行为展现和塑造企业文化"。员工的行为在业余时间代表个人，在工作时间则代表企业。因此，员工的职业行为作为企业文化的微观表现，会在不经意间向内外部人员展示企业文化，从而在合作伙伴、客户乃至监管单位心目中塑造不同的企业形象。即使在一个企业文化非常健康的企业中，如果某一个员工的行为失当，也很可能给企业形象带来不好的影响，或者损害企业内部的文化氛围。

正因为此，如图 12 - 1 所示，企业必须对企业文化进行积极的管理，通过对员工的素质和行为进行诊断或评价，找出差距，要求员工的行为向正确的方向发展，形成统一的核心价值观，进而引导员工的自发行为与企业核心价值观保持一致。

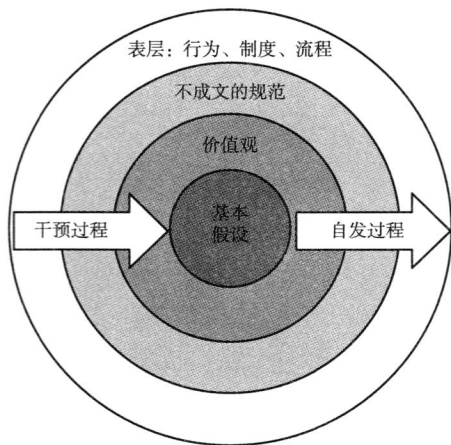

图 12 - 1　通过对员工行为进行引导，促使企业文化落地

二 重新认识人才评价

● 传统人才评价走入困境

人才评价在中国历史悠久，但同时又是一门全新的学问。所谓历史悠久，是因为中国是最早开始采用人才测评手段的古国之一，早在两千多年前就开始了考试选拔。但所谓全新，是因为在管理学领域，采用现代管理技术对人才进行测评，引入中国市场的时间相对较晚。

我国古语中就有"知人善任"、"举贤不避亲"等说法，展现了古代挑选人才的思路。早在传说中的"五帝"时期，尧帝就曾通过委任舜代为处理事务，进行了为期三年的考察，在确认了舜的能力之后才进行禅让。之后，舜也是通过同样的方式考察并传位于禹。真正意义上最早的考试选拔应该是起源于隋朝的科举制。科举制以才能而非门第选拔人才，成为贫寒人才进入仕途的新通道，也成为其后历朝历代选拔人才的主要方式。而西方的人才选拔制度长期实行世袭制，直到受到中华文明科举制的影响，才在18世纪末于法国首次建立了文官考试制度。

20世纪初，心理测试开始得到应用，作为人才选拔的参考之一，最早在军队之中使用，并随之传入社会领域。1927年，世界上第一个职业兴趣测验"斯特朗男性职业兴趣量表"诞生，科学地将职业选择与个人特点相挂钩。到20世纪中叶，人力资源管理中开始采用"岗位适合度"分析，包括面谈、能力倾向测验和投射性测验等内容，随后人们广泛地将人才测评技术用于人力资源的开发和考察。

在我国的人才评价体系中，目前仍是以知识考试、取得职业资格为主。但是，现代企业中的分工越来越细，专业化程度和对复合型人才的需求都在提高，传统的人才评价体系采用单纯的结果评价，单一的测试标准与企业多样化的实际用人要求和具体岗位要求之间往往存在一定的差距。相比之下，结合日常工作，对员工全面职业能力和行为特征进行的评价更有可能与企业实际需求相匹配。

一方面，不同企业、不同岗位的业务模型大相径庭，所需要的主要技能、素质千差万别，需要根据相应行业和岗位的具体要求，确定适当的人才评价标准，以引导员工培养和保持适合岗位需求的能力。另一方面，只具有专业能力，而不符合所在企业文化要求的员工，反而可能在企业发展中带来阻力。在这里，专业技能如果以数字度量，那么员工的文化属性就像数字的正负号，文化属性如果为负，那能力越大，给组织带来的负面效用反而可能越严重。所以，在人才评价中引入对文化属性的判断非常有必要。

● 确定人才评价标准应遵循的原则

关于人才评价的标准如何确定，首先要关注的是符合企业战略发展的要求。人才评价的标准如果只是技能方面的，而与企业实际运作关联较小，很可能找到一个不符合岗位实际需要的专业人士，对企业的效用仍然不高。

其次要重点关注对岗位工作最有用的关键能力，而对于那些不会对工作成果产生直接、显著、持续影响的非关键能力，不建议纳入评价标准之中去。比如熟练运用 word、excel 等办公软件的技能，对于一般的综合行政服务人员可能属于关键能力，而对于研究员、高级经理可能就不属于关键能力，无须纳入评价。

再次，在确定人才评价标准时应该兼顾可及性和前瞻性。可及性是指评价标准的设定不应过高，要在员工通过一定的努力所能够达到的高度上。如果盲目设定高标准，要么会造成"人才高消费"，浪费人力资源和工资费用，要么会难以找到满足标准的人才，同时还会挫伤现有员工的积极性。另一方面，前瞻性是指评价标准的设定不能仅仅停留在过去或当前水平上，还要根据行业和企业的发展趋势、未来的战略目标，以及业内的标杆水平设置，以满足未来一段时期对人才的需求。把握好可及性和前瞻性之间的平衡，对于充分利用内外部人才资源、支持未来企业战略发展需要，具有重要意义。

最后，人才评价的标准不是一成不变的，需要适时进行调整和完善。随着行业环境的变化或企业战略发展而带来的新的要求，应及时补充进入人才评价标准中去。

● 如何制定人才评价的标准

在把握好以上原则的基础上，可通过分析调研，力求科学地确定人才评价标准。

第一步是通过对企业发展战略的分解，结合组织结构、职能安排的设置情况，对相关负责人和员工进行访谈，确定岗位主要业务内容和能力要求。

第二步要对级别能力进行区分和明确。这里的级别既可以是职务级别，也可以是单独的专业序列，根据不同企业的人力资源管理实际而定。每一类人才在职业生涯成长中的轨迹是有规律的，根据工作年限、工作经历、学历水平的不同，人才在不同时期的能力结构、能力积累、专业声誉都是有差别的。相应地，承担的责任、发挥的作用大小也是逐渐变化的。根据不同的成长阶段，设定相应的级别，进而在专业知识、贡献度、企业文化实践情况、岗位责任等方面提出不同的要求。

表 12 – 1　级别能力划分示例

	市场洞察	客户为尊	业绩导向	整合价值创造
区域销售总监	5 级	5 级	5 级	5 级
产品销售总监	4 级	4 级	4 级	4 级
高级销售经理	3 级	3 级	3 级	3 级
销售经理	3 级	2 级	3 级	2 级
高级销售专员	2 级	2 级	2 级	1 级
销售专员	1 级	2 级	2 级	

　　完成前两步之后，最重要的是第三步：设计人才评价指标体系。根据岗位特点和级别定位，提炼出业绩衡量的一级指标，然后向下细分二级甚至三级指标。明确指标体系之后，根据各项指标的重要程度可考虑设计权重，与战略关联更加紧密、对企业经营管理影响更大的、更为关键的指标权重应相对高一点。在首次实施人才评价的时候，也可以考虑平均分配权重，待熟悉之后再进一步区分。指标初步设计完成之后，可以组织专门的团队跟踪研究并对员工开展抽样调查，对指标的合理性、可度量性、可操作性以及不同级别的可区分性进行论证，根据反馈适当修改，并最终予以确定。

三　学会使用能力素质模型

• 什么是能力素质模型？

　　能力素质，又称任职要求、人才标准、胜任力等，是人力资源管理领域近 30 年来的最新研究成果。能力素质模型（Competency Model）最早由著名的心理学家、哈佛大学教授大卫·麦克里兰博士在 20 世纪 70 年代提出，他研究指出了滥用智力测验来判断个人能力的不合理性。主观上人们往往以为学术能力、人格、智力、知识技能等因素能够决定工作业绩，但这些因素在现实中并不足以用来预测个人的绩效表现和职业成就。而且，上述测评方法通常对少数民族、妇女和社会较低阶层人士不尽公平。他认为应该从第一手材料入手，直接发掘那些能真正影响工作业绩的个人条件和行为特征，为提高组织效率和促进个人事业成功作出实质性的贡献。他把自己发现的、直接影响工作业绩的个人条件和行为特征，诸如"成就动机"、"人际理解"、"团队领导"、"影响能力"等，统称为能力素质。能力素质模型包含了担任某一特定的任务角色所需要具备的能力素质的总和，是从组织战略发展的需要出发，以强化竞争力、提高实际业绩为目标的一种独特的人力资源管理的思维方式、工作方法和操作流程。其后，保亚奇士、安德鲁克雷等学者先后对能力素质模型进行了补充和完善。

1973年，麦克里兰博士在《美国心理学家》杂志上发表一篇文章："Testing for Competency Rather Than Intelligence"。文中，第一次提出"能力素质"的概念，指出学术能力和知识技能并不足够用来预测个人的绩效表现和职业成就。

1991年，理查德–保亚奇士在其著作*The Competent Manager*中进一步澄清了"能力素质"的概念，指出能力素质是动机、个人特质、技能、自我或社会形象以及相关知识的综合。换言之，"能力素质"是促使高绩效产生的所有个人特征。

1996年，安德鲁–L–克雷补充了"能力素质"的定义，指出能力素质是可观测的行为指标的集合，其提出的概念强调了支持能力素质的是行为特质。

图 12 – 2　能力素质模型的理论研究不断得到完善

能力素质模型问世以来，不少企业或独立开发，或在咨询公司的帮助下试图建立自己的能力素质模型，但其中成功的案例并不多见。最成功的案例首推由 GE 公司前 CEO 杰克·韦尔奇主持的"三个 E"模型，即 Energy（做事要有激情），Energize（领导干部要让自己的团队做事情有激情），Edge（勇气和决断，对人对事要敢于采取果断措施），以及后来补充的一个 E：Execute（完成使命的效果）。前面三个 E 是为领导人才设定的能力标准，第四个 E 是业绩标准。

● 能力素质模型的分类

麦克里兰教授将能力素质分为五个层次：知识、技能、自我概念（态度、价值观和自我形象等）、特质、动机。

不同层次的能力素质在个体身上的表现形式不同。如果将不同层次的能力素质形象地描述为漂浮在海面上的冰山，那么知识和技能属于海平面以上的部分，能够明确侦测到，但实际上只是浅层次的一小部分。而自我概念、特质、动机等则属于潜伏在海平面以下的部分，难以测度却更加重要。真正能够将优秀员工与一般员工区分开的，并不是海平面上的知识和技能，而是海平面以下的部分。因此，麦克里兰教授将不能区分优秀者与一般者的知识与技能部分，称为基准性素质（Threshold Competencies），这只是从事某项工作起码应该具备的素质；而将能够把优秀者从其他人当中区分出来的自我概念、特质、动机等层次称为鉴别性素质（Differentiation Competencies）。

此外，能力素质也可以划分为核心能力素质和专业能力素质。其中，核心能力素质是针对组织中所有员工的、基础性的，而且较为重要的要求。无论所在哪个部门或岗位，都应该具有这种素质。而专业能力素质则是依据员工所在的部门和岗位特性，结合部门职责或岗位职责，而要求员工应具有的素质。

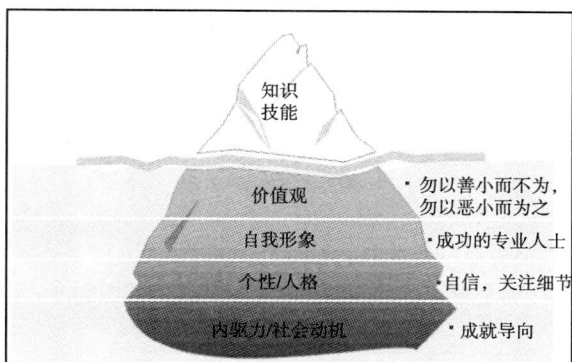

图 12 - 3 能力素质分类的冰山图

• 如何建立能力素质模型

在建立企业能力素质模型的过程中，一般会采用行为事件访谈技术，即在同一工作领域内选取两组访谈对象，一组为优秀者，另一组为普通者。访谈过程由经过专业培训的人士主持，让每一位被访者详细地介绍几个自己成功和失败的工作经历，诱导他们阐述在这些工作经历中的一些具体细节，以及言行、想法、感受、处理方法等。访谈者要对访谈内容进行详细的书面记录和录音。后期对访谈记录进行整理、编码、归类和命名，梳理形成可供能力素质模型采用的内容。通过统计各项素质在访谈材料中出现的频率，将出现频率较高的几种素质挑选出来并进行分级，给每个级别标注更加详细的行为说明。最后，通过总结出在优秀者身上表现较多，在普通者身上表现较少的素质，构建起能力素质模型。

按照以上方法，对企业里各级各类人员所应具备的能力素质模型进行全面分析，并形成不同级别人员所需能力素质模型的结构化集合，就搭建出了企业能力素质模型。

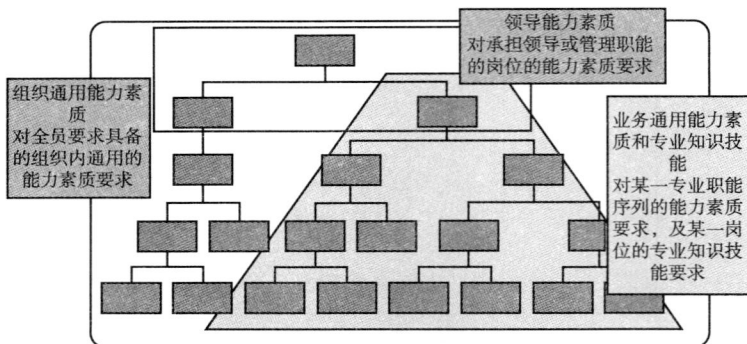

图 12 - 4   企业能力素质模型示意图

四 让行为"量化"：评定员工的"行为"

● 如何评价员工的"行为"？

行为评价主要采用的是行为锚定等级评价法，也叫行为决定性等级量表或行为定位等级法。该方法最早由美国学者史密斯（P. C. Smith）和德尔（L. Kendall）于 20 世纪 60 年代提出，主要是将同一职务工作可能发生的各种典型行为进行评分度量，建立一个锚定评分表，并以此为依据，对员工工作中的实际行为进行测评级分。

行为锚定等级评价法是在关键事件法基础上的进一步拓展，通过引入评级量表，提高了评价方法的可衡量性。它将关键事件中的观察结果用于等级评价，通过一张行为等级评价表对员工在一些关键事件中表现的行为特征进行评分。在每一个绩效维度中，将最优和最差的绩效行为放在两端，中间的差距分为不同的绩效等级，每一个等级可以与不同的行为特征相对应，从而将行为表现转化为定量的评价结果，使得员工考评工作更具可比性，也更加透明和公平。

名称	一般释义			
积极主动	在不被要求的情况下，发现能够促成总体目标的工作任务，并积极付诸实际行动			
1	2	3	4	5
工作需要上级的监督指导，能按时完成大部分工作任务，在上级的要求下，才会对相关工作进行思考	在没有监督的情况下独立工作，致力完成上级指派的具体任务	无须上级指派便能意识到当前的工作需要并立刻行动，能在事情变得被动前采取行动，迅速解决当前的问题，在别人提出要求时，能付出额外努力给予帮助	充分调动工作场所内外的相关资源和力量，在已有工作模式能够适合任务完成的情况下，仍然主动寻找更优的问题解决方案，在别人未提出要求的情况下能主动为其提供帮助	长期在没有明确指导的情况下探索工作的新方向和新办法，思考在当前本职工作以外能为企业创造更大价值的可能并付出超常努力

行为锚定

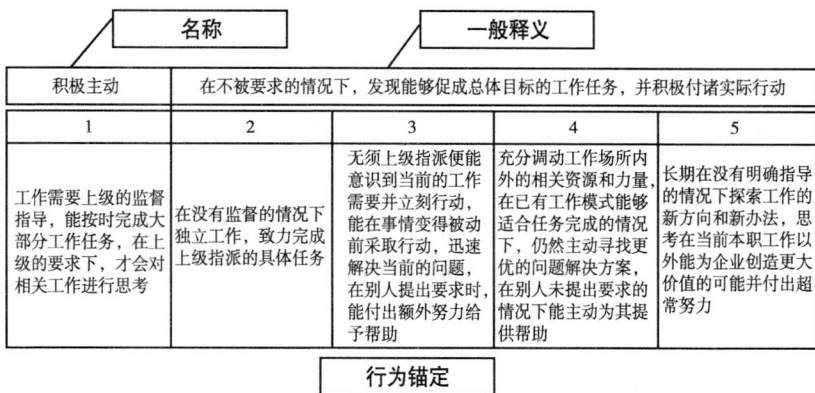

图 12 - 5　行为锚定示意图

与其他方法相比较，行为锚定等级评价法最大的优点就是避免"居中趋势"。居中趋势会使得行为特征差距无法拉开，行为评价失效，特别是在"以和为贵"的中国传统文化下，更容易产生居中趋势。而行为锚定等级评价法可以帮助直线经理通过观察员工在关键事件中的行为，而不是仅凭个人好恶，对员工履行职责的好坏、贯彻企业文化的程度作出更加准确和量化的判断。在这里，所谓关键事件是指直线经理在平时观察并记录下来的下属工作细节，并经过综合形成对员工在某一维度上的整体描绘。在行为锚定等级评价法中所涉及的关键事件，并不是由直线经理一个人说了算的。而是由员工首先提出，或者员工与直线经理共同讨论得出。由于员工也参与行为评价标准的制定和评价活动，所以比上级对下级单向评估的方法更能让员工接受。

但是，打分排名也存在一定的弊端。据统计，财富 500 强企业中有近 20% 的企业给员工的表现排名。理论上，通过排名奖优罚劣可以激励员工更加努力，有利于企业发展。但在实际中，对员工进行排名这一管理手段到底利大还是弊大，业界看法并不一致。好处是排名更加直观，有利于充分督促或淘汰落后分子，是管理员工的有力工具。在排名制下，员工不但要跟自己比，还要跟周围的同事比，不得不持续改进，努力工作。不利之处是可能造成内部的过分竞争，影响团队合作。特别是在企业文化比较好，团队整体水平较高的企业，直线经理不得不将非常优秀的下属们做一个排名，可能会使得绝对表现较好但相对排名靠后的员工受到打击和惩罚，从而影响整个团队的士气。

所以，在实践中也有的是不采用打分制进行横向比较，而是树立一个标杆，让员工与标杆比较，每个员工得到的评价是高于期望、符合期望还是低于期望。当低于期望的时候，就相当于出现了警示。高于期望则给予奖励或晋升。这种评价方法相对温和，可以在打分排名法不宜采用的企业或组织中使用。

行为锚定等级评价法的另外一个缺点是，对一个员工只有一个评判，因此无法准确和充分地评估那些表现时好时坏的员工。针对这个问题，又诞生了行为观察评价法。行为观察评价法除了"强度"还引入了"频度"的因素，不是单纯地以关键事件为评判标准，而是以关键事件标准来观察员工表现出这种行为的频度。但行为观察评价法要求直线经理事无巨细地记录员工行为，即使如此可能也会有所遗漏，还需要通过加强与员工的沟通加以弥补。

• 行为特征评价指标体系的设定

行为特征指标的设计是否合理、清晰，会直接影响到评价的实施效果。实践表明，行为特征评价体系如果设计得较为成功，行为评价这项工作就已经成功了一半。

总体而言，行为特征评价指标应该含义明确直观、操作方便、覆盖全面、重点突出。含义明确直观是指让人一眼看过去就能明白指标所提出的是什么要求，没有歧义，无须再进行解读和琢磨，否则容易在评价的"上游"就出现曲解，导致"下游"的误差进一步放大。操作方便是从实践中评价人的角度考虑，如果过于复杂，评价人会更倾向于敷衍了事。覆盖全面、重点突出是指要能够覆盖企业文化的核心要求，但无须事无巨细都包括在内。比如文明礼貌、讲究个人卫生在大部分国有大中型企业中都是基础性的要求，一般无须放到行为特征评价中专门评价一次。

根据以上要求，在设计指标的时候，要注意尽量精练。企业管理者和员工往往自身有很繁重的工作，最怕在评价过程中花费太多的时间和精力。客观上，如果设计得过于复杂，也可能会影响到企业经营的效率。因此，评价指标应尽量"捞企业文化中的精华和干货"，挑选最能反映核心价值观的行为指标，以利于缩短评价过程，使得信息采集和传递的难度较小，提高行为评价的效率。

在国有企业中，企业文化的内容一般较抽象，特别是核心价值观如果配以古文和对仗，比较美观但需要较多的诠释。因此在转化为行为指标的过程中，需要做到足够的拆分细化，以便于与实际可观察的现象对接。例如，可以先将核心价值观拆分为几个大的方面，然后将每一个方面拆分出最需要倡导和避免的几个主要行为类别，再在每一个行为类别中列出最具代表性的行为特征。

在最后列示行为特征的时候，语义应明确，尽量具体到具体的活动，而不是直接定性，给人盖棺定论。对于使用打分制的行为指标体系，应该是可衡量和区别的，在不同分数档次之间能够拉开差距，这样的指标才更加具有可操作性。在第十章中我们已经对行为特征描述进行了举例，在此不再赘述。

创新改善

定义：不因经验而约束思路；采取开创式的思维和方法对现有工作进行突破；对创新进行不断探索，并乐在其中

代表 行为 描述	**杰出的海尔人：** ·他们始终对创新表现出浓厚的探索兴趣 ·他们能够有勇气"否定"过去的成功，在成功的基础上探索创新的方法 ·他们能够采取突破式的思维方式不断提出创新的想法 ·他们能够有效借鉴母本的操作经验，并结合海尔实际进行创新

负面 表现	·缺乏好奇心 ·被"经验"和"困难"约束思路，缺乏对创新的积极探索 ·对母本的借鉴仅停留于表面现象，不去深入思考母本背后的关键因素

初步展现	展现	展现优秀	展现卓越
好奇心 ·对新知识表现出好奇心和探索欲 ·勇于问问题	**独立思考** ·表现出对问题和现状不同角度的看法 ·发现别人未曾发现的可能性 ·表现出在母本面前的深入洞察，冷静分析	**突破传统** ·表现对流程改善结果负责的态度 ·勇于挑战传统的工作方式，不因经验而约束思路 ·尝试之前未曾尝试方式	**引领改善** ·对过去的做法始终保持重新创新和改造的激情 ·用他人不曾使用过的方法优化工作效率和效果 ·结合母本和海尔现状积极创造创新方式

图 12-6　某一维度行为特征描述实例

五　以"行为锚定"丰富评价体系

● GE 公司的人才评价

　　GE 公司一直坚持"二元化"的绩效管理体系，即员工在取得经营业绩的同时，必须接受是否符合 GE 公司价值观的评判。只有二者都通过考核，才能算是合格或优秀的员工。为此，正如我们在第一章就介绍的那样，GE 公司定期会按照业绩和价值观两个维度进行考核，其结果作为员工升迁、薪酬、学习培训、福利等的依据。

　　GE 公司的二元化考核可以用图 12-7 中的九宫图来显示，综合考核结果会相应落在九宫图中的不同区域。（1）当员工的考核结果落在右下两个区域，即企业价值观考核达到或超出期望但业绩不佳时，GE

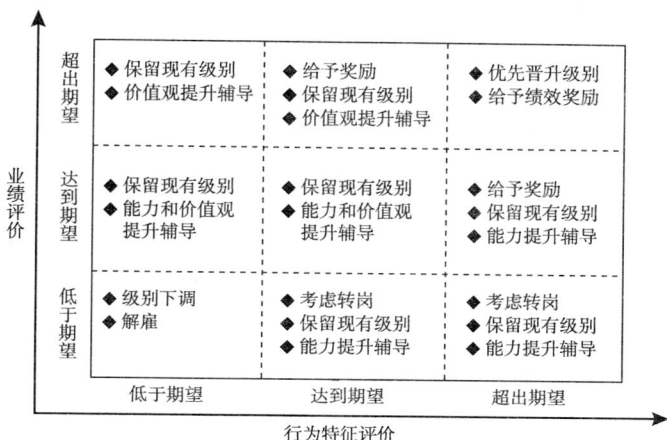

图 12 – 7 GE 的二元化考核体系

公司会帮助员工查找原因，进行培训和辅导，同时考虑换一个岗位。
（2）如果考核结果落在左上方的两个区域，即工作业绩达到或超过预期，但没有表现出符合价值观的行为特征，则 GE 公司还会给员工第二次机会，为员工制订一个提高完善的计划。在上述两种情况下，员工必须抓紧提高完善自己，在业绩或价值观方面尽快达到目标要求。如果仍然无法达到要求，那么 GE 公司也会请员工走人。（3）当员工的考核结果落在左下角时，也就是业绩没有达到要求，而且不符合 GE 的增长型价值观，那么 GE 公司会给予降级或请这个员工离开。（4）最后，如果考核结果落在右上方的区域，即员工业绩优良，而且很好地符合 GE 公司的价值观，那么这就是 GE 公司的优秀员工，将会有晋升、加薪等奖励和更多的发展机会。

在这种体系下，GE 公司每一位员工的年终考核主要用四张表格。前三张是员工的自我鉴定：一是个人学历记录，二是个人工作经历记录。第三张表比较重要，主要是对照年初设立的绩效目标，对工作完成情况进行自评。要对自己考评期间的表现和取得的成绩作一个客观的判断，结合能力素质要求，总结自己在哪些方面比较擅长，哪些方面存在不足，下一步准备通过哪些方式来提高，为此还需要公司提供哪些资源和帮助，在下一个考核期或更远的将来有哪些长期计划和目标等。同时还要对照 GE 公司的价值观，对自己的行为是否符合价值观作出评价。

第四张是更加关键的直线经理评价。员工的直线经理要在第三张员工个人自评表的基础上，结合自己日常对员工的观察，填写第四张表格。直线经理填写的鉴定必须与员工进行面谈，充分沟通，取得一致意见。如果员工对鉴定结论存在不同意见，直线经理必须拿出足够的证据或事例来说服员工；如果员工拥有直线经理尚未掌握的事例，也可以通过沟通让经理修订和完善评价意见。当然，如果最终双方无法取得一致，将交由上一级直线经理来处理争议。但无论如何，所有的评价都必须依据事实和实例来给出。

• 万科的人才资质模型

2004 年，万科公司专门制定了"万科人才资质模型"，明确万科选人用人和绩效考核的标准。在制定这个模型之前，万科对人员素质方面的判断与其他企业差异不大，主要是学历证书加领导印象，例如名校毕业、形象阳光、口齿伶俐、善于沟通、积极主动等。但是对人才的要求越来越多元化，使得万科开始思考如何建立专业化和职业化的素质模型。

万科人才资质模型主要可分为两大部分：资质模型和测评工具。前者通过一系列的标准，理清了万科需要什么样的人才，以及现有人员向什么标准发展，后者则将定性的判断转化为可衡量的程度，从而便于对比和明确改进方向。

　　资质模型共有7个，包括"万科通用资质模型"、"万科领导力资质模型"，以及"销售"、"设计"等5个分专业的资质模型。在"万科通用资质模型"中，有职业操守、客户意识、学习成长维度等9条标准，在"万科领导力资质模型"中，有执行、用心尊重人、决策、对下级的培养、市场敏锐等7条标准。

　　这些标准还比较抽象，不能够直接用于测评，因此每一条标准都附带了具体注释。例如通用模型中的"学习成长维度"，其注释是"关注与提升工作能力有关的信息、关注培训机会、关注和工作有关的书籍"等。

　　万科的人才资质模型能够广泛地应用于招聘、培训、考核、晋升、职业生涯规划等管理活动。它既是对新加入人员的期望，也是对已在职员工的标杆，更是培养未来优秀专业人才的方向，使得员工能够找到"标准"，有的放矢地培养和完善万科所需要的人才特质。

附：万科职业经理素质模型

一、　工作观念

1. 勇于承担工作责任，有进取意识。

2. 集团利益至上，具有全局观念。

3. 以积极的态度对待困难和遗留问题。

4. 接纳差异，用人所长的领导心胸。

5. 善待客户，一切从市场出发。

6. 尊重规范，不断改进。

7. 具开放心态，善用、整合资源，善于创新突破，有能力找到解决问题的办法。

8. 不回避矛盾，大胆管理。

9. 思维严谨，计划性强。

10. 敏感把握，控制到位。

二、 管理技能

1. 善于激励，有号召力。

2. 能营造有效沟通的氛围，让沟通成为习惯。

3. 有效授权，控制得当。

4. 善于培养指导下属，鼓励别人学习。

5. 科学决策能力。

6. 压力管理能力。

7. 组织管理能力。

8. 时间和会议管理能力。

三、 专业技能

1. 精通本行业的专业技能。

2. 知道如何应用专业知识。

3. 有系统的理解能力。

4. 专业创造力。

第十三章　集团文化：走在同一条路上

"Too big to fall"是一句众所周知的名言，国内众多企业也在努力通过并购重组扩大规模，提高整体的竞争力和抗风险能力。在日益开放的中国市场上，面对国际企业巨头的挑战，通过资源整合，做大做强企业集团，已经成为了市场上的共识。特别是在大中型国企中，集团化、多元化发展的趋势日益明显。但是，年轻的中国企业集团在发展的过程中开始遇到各种各样的问题，传统的企业管理和集团管控手段时不时地会突然"失灵"。我们不禁要问，国际知名的百年老店是如何维护集团关系的？中国的企业集团该如何走上凝聚力量、做大做强的发展道路？在这个过程中，文化又能够发挥何种作用呢？

一　社会的亚文化，集团的主文化

● 集团文化的定位

什么是集团文化？顾名思义，它是一个企业集团共同拥有的文化，对内用于规范成员企业及其员工的行为，指导经营管理活动；对外用于展示整个集团的市场形象，提升整体品牌价值。需要强调的是：第一，从整个社会的角度看，集团文化是亚文化，社会文化是主文化；但从集团内部的角度看，集团文化又是主文化，成员企业拥有的是亚文化。亚文化的协调与否往往影响到整个主流文化，尤其是在集团文化革新和改造的时候，亚文化可能在很大程度上影响集团文化的走向。第二，集团文化不等同于集团公司的文化，而是集团企业共同拥有和造就的文化，集团所有成员企业与集团公司都是集团文化的主体。所以集团文化的建设虽然是由集团公司来发起和推进的，但主要的参与者和执行者是集团的成员企业。

集团文化建设的范围也受到集团内部架构的影响。由于股权比例、所处层级等原因，集团成员企业与集团公司之间，以及各成员企业业务与集团核心业务之间的距离，往往都有远近之分。靠近核心业务、关系更为紧密的成员企业吸纳集团文化的程度与处于集团外层或边缘、股权关系松散的企业应该有所差别。

在不同的集团管控模式下，对集团文化建设的模式和要求也大相径庭。一般而言，集团管控模式主要包括财务管控型、战略管控型和运营管控型。在不同模式下，集团公司对下属公司经营的介入程度是不同的。

在财务管控型模式下，集团公司主要将通过财务指标考核和财务控制来进行管控，是整个集团的投资决策中心。只要企业能够达成年初制定的财务目标，实现足够的赢利，给母公司带来适当的回报就可。集团公司不会介入企业的生产经营过程。这种模式下集团公司与成员企业之间的管控关系相对松散，分权较为充分。因此，集团文化建设需求相对较弱，集团公司不会在集团内大力推进统一的企业文化要素。

在运营管理型模式下，集团公司对成员企业的生产经营活动甚至具体业务都会直接指导和干预，是集团的经营决策中心和生产指标管理中心。集团公司对成员企业经营活动介入较深，经常性地组织协调成员企业生产经营和业务合作，在人力资源管理、财务管理、风险管理等方面也直接给予指导。这种模式下集团公司与成员企业之间的管控关系较为紧密，是充分集权的管控方式。因此，他们的集团文化建设关系也最为紧密，但很容易走向过于硬性的文化统合，在业务趋同或关联性较强的企业集团中尚可推行，而在多元化程度较高的企业集团中容易导致文化冲突。

战略管理型模式介于上述两种模式之间，集团公司主要通过战略规划和经营计划管理对成员企业进行控制，是集团的战略管理和投资决策中心。集团公司对成员企业的管控集中在战略规划的制定、分解、监控和经营计划的审批、考核等方面。目前大多数企业都倾向于采用这种管控模式。这种模式下的企业文化建设需要覆盖到成员企业，至少要与核心企业建立一定的文化联系。这就引出了新的问题：母子公司之间的文化关系应该如何处理？

● 母子公司之间的文化关系

母子公司的文化关系主要有三大类型：吸纳型、渗透型和分离型。吸纳型是指成员企业被迫抛弃自有文化，全盘照搬集团公司文化。这种关系下，成员企业自身文化的作用被否定或忽视。渗透型关系是在成员企业原有文化的基础上融合集团公司文化，逐步形成一种新的文化，即集团文化，这种关系有利于集团文化被广泛认可，但推进的难度较大。分离型关系是各成员企业保持原有的文化独立性不变，集团公司与成员企业之间的文化关系基本隔绝，不进行整合。分离型的文化关系更加适合财务管控型集团，而不适合战略管控型或运营管控型集团。

在不少国有企业集团中，采用的都是吸纳型的母子公司文化关系，企图让系统内的所有企业及员工奉行完全一样的文化理念和行为准则。对于一些以总分公司为主要关系的集团而言，尽管这忽略了地区文化差异，但由于在同一法人架构下，仍然具有一定的可行性。但对于以母子公司为主要关系的集团而言，这种做法无疑是不妥的，具体原因我们在下一节将详细探讨。

相比之下，渗透型的母子公司文化关系更适用于大部分企业集团。国务院国资委《关于加强中央企业文化建设的指导意见》指出："大型企业集团要处理好集团文化与下属企业的关系，注重在坚持共性的前提下实现个性化。要以统一的企业精神、核心理念、价值观念和企业标识规范集团文化，保持集团内部文化的统一性，增强集团的凝聚力、向心力，树立集团的整体形象。同时，允许下属企业在统一性指导下培育和创造特色文化，为下属企业留有展示个性的空间。"这一提法可以用"和而不同"来概括——如果将"和而不同"作为母子公司文化关系的准则，并切实做到"共性与个性相统一"，那么既可以避免企业文化统得过多、管得过硬的问题，又可以避免放任自流、文化割裂的现象。具体而言，就是以母公司的企业文化为基础和大框架，在制定和推广集团文化体系的时候，充分考虑子公司的特点和需求，并将其核心价值观向集团内逐步渗透。子公司在文化建设中也充分理解集团的文化建设要求，确保符合集团战略和基本的核心价值观。在此基础上，子公司可以结合自身特点，保持自己的文化个性。子公司服从母公司的价值观和基本行为规范，这是刚性；保留自身文化特色，与母公司存在一定的差别，这是弹性。刚性与弹性相结合的母子公司文化关系，是最适合未来集团文化建设的。

二　破解集团管控难题的钥匙

● 集团管控迷局

即使在一个单一的企业里面，也存在不同的利益相关者。而在企业集团中，管理的复杂程度会呈几何级数增加，集团每个企业都是单独的利益相关者，每个企业内部又有众多不同利益诉求以及各自的组织文化。要同时平衡这么多不同的利益诉求，将不同的价值观融合，并促进所有人都认同集团的主流文化和价值观，实非易事。成员企业会不会积极地参与和配合集团整体行动？成员企业的员工会不会将自己视为集团一员而在一言一行中自觉维护集团利益？

集团管理的各个单元不同于单一企业管理的各个单元。单一企业中的单元多数是部门或者事业部，不具有独立法人资格。而集团成员企业很多是子公司，属于独立法人，必须考虑法律和公司治理的因素。这就使得集团管理存在天然的隔膜，管理链条容易被拉长，管理层级相应增多，管理涉及的业务领域和地理区域也可能分布广泛。特别是由于各自有独立的法人性质，成员企业在《公司法》的保护下，理论上可以不受集团公司直接行政管理的影响。尽管存在集团的章程和公约，但集团公司无权直接干涉成员企业的制度、行为，这就给集团管控提出了一个难题。如何才能避免各个成员企业各立山头、集团公司唱独角戏的现象出现？

对于大集团而言，往往由于层级较多、管理半径过大，导致难以将集团管理有效渗透到基层中去，而只能依靠公司治理和股权管理层层放权。在这种情况下，要尽力使得集团内每一个业务单元都能朝同一个方向努力，就要依赖于企业文化的力量，通过无形的行为准则弥补集团管理的不足，发挥整个集团的功能，增强市场竞争力。

● 传统集团的文化管理之困

在一些国有企业集团中，对集团文化的管理较为僵硬和简单粗放，表现在强行要求所有成员企业照搬和采用集团公司的文化理念。这些集团公司通常是借助自己的行政力量，不区分成员企业的业务特点和区域特点，硬性在所有企业中推行统一的一套企业文化体系。对于这些集团公司而言，似乎只有所有企业都保持同样的文化面孔，才能确保"同心同德"和体现集团公司的文化控制力，进而奠定自身在集团中的权威和领导地位。

实际上，即使在同一个集团内部，不同成员企业之间必然有着这样或那样的差异。成员企业之间的业务领域可能不一样，即使业务领域接近，在地域分布或行业价值链中的地位也可能不一样。不同类型和领域的企业，市场细分、经营模式和管理理念也可能大相径庭：有些可能直面面对普通消费者，有些可能只服务于机构客户；有些主要依靠产品销售收入，有些提供高端智力咨询，有些则凭借低端劳动服务获取收益。相应地，成员企业的员工素质和知识构成会有不同。另外，成员企业所处的生命周期可能有很大差别，有些是刚刚创业或发展起步的新生力量，有些是处于成熟期甚至衰退期的老企业，相应地在人员规模和资产规模上也会有很大差距。面对如此多的差异，集团公司如果无视成员企业之间的差异性，单纯追求文化的一元化，不但会遇到来自企业集团内部的重重阻力，而且即使推行下去也可能对成员企业的经营管理起到负面作用，拖累企业发展。特别是考虑到集团公司与成员企业之间可能存在的地位差别，使得成员企业对硬性推广单一的企业文化产生抗拒心理，集团内部文化冲突升级的可能性就进一步增强了。

为此，集团公司必须在文化统合与保留成员企业的文化特性之间做好平衡。考虑到各成员企业业务的独特性、地域的差别，以及市场细分的不同，集团公司必须充分照顾到每一个子公司的特点。在确保大的集团文化框架统一的前提下，给各个成员企业留下足够的空间。允许成员企业按照自身实际情况，在集团文化框架下保留独有的文化特色，进而采用符合自身行业和业务特点的管理工具和管理模式来开展经营。

作为国有企业集团管控的典型，中国航空工业集团公司专门发布了《集团文化建设指导意见》，指出要处理好"文化统一与文化特色的关系"。在实践中，允许各成员单位在集团文化框架下培育各自的亚文化。在坚持集团核心价值观的基础上，让子公司保留自己的文化特色。而子公司打造文化特色的途径之一就是对集团主流文化进行分解，研究哪些集团文化因素是适合本企业文化需要的，从而有的放矢地吸收集团文化精华。

● 信用式集团：文化管控的硕果

作为整个社会信用体系的一部分，集团企业的信用是连接个人信用、单个企业信用与整个社会公共信用之间的桥梁，对市场诚信的形成和巩固发挥着重要的导向作用。

在集团管控中，很多集团公司的失败就根源于企业文化的缺位。由于没有在理念和行为准则上达成共识，各成员企业彼此猜忌、自立门户、争夺资源。如果成员企业再对集团公司不信任，则会倾向于内部人控制，保护自身利益，同时视集团管控为洪水猛兽，在经营中出现大量的机会主义行为和短期行为，损害企业和集团的长期利益。

而集团公司如果对成员企业缺乏信任，则会视成员企业如小偷，时时紧盯却总也盯不住，最后授权、合作等动作全部失效，只好将权力上收。双方会有大量的精力消耗在监控、处理冲突、争夺权力等动作中，集团经营和合作的效率全无。反之，取得成功的集团都在企业文化和行为准则上达成一致，将共同的经营理念和价值观渗透到每一个成员企业之中，从而成为其他管控手段的润滑剂，并有效地避免集团内部业务竞争互噬、争夺资源的现象出现。

可见，集团内部的信用是双向的，一方面，成员企业需要对集团公司产生信任，相信集团整体的利益是自身利益的基础和保障，为了自身长期利益，可以顾全集团利益而放弃自身短期利益。另一方面，集团公司要对成员企业的忠诚给予充分信任，相信成员企业会遵守集团规则，主动为集团利益而做出努力，并相应给予充分授权。

集团文化建设是树立集团信用的重要基础。在集团内部，特别是在国有企业集团内部，有着大量的委托代理关系和业务协同关系，寄希望于集团公司的行政干预，不但成本高，而且效果很难保证，甚至会导致集团整体效用下降。而如果能够通过文化建设，营造出彼此信任的集团氛围，就能够促进成员企业之间的合作和支持，从而降低内部交易成本和集团管控成本，提高管控和合作的效率，最终带来集团整体利益的提高。

当然，这种信任的建立不是一朝一夕就可以完成的，需要彼此之间的了解，文化的诊断、传播和融合也需要一个过程。通过良好的集团管理和文化建设，可以在集团运行中逐步建立和强化信任机制，形成信用式集团。

三　塑造跨行业的集团文化

● 并购重组中的文化并购

很多企业集团是通过并购形成并发展壮大的，而企业并购往往首先考虑的是利润、市场等经济因素。但是，科尔尼管理咨询公司通过对欧美和亚洲的 115 个大型并购案例进行研究，发现文化整合才是决定并购成功与否的关键因素。

跨越和化解不同类型企业之间的文化差异，是集团企业特别是正在开展重组并购的集团公司所必须应对的挑战。有效的集团文化管理，能够将不同地域、不同行业、不同组织、不同背景的人群捏合在一起，形成统一的管理理念、思维方式和行为模式。

在《道路与梦想》中，王石说："一种清晰的企业文化，可以聚集一个志同道合的团队。孟子说，天时不如地利，地利不如人和。一个志同道合的团队，它的凝聚力、执行力、工作效率、创新能力都将保持良好的发展势头。"反之，在集团公司内部的跨文化交往中，如果缺乏妥善的安排和纯熟的技巧，往往会产生不必要的误会和摩擦，增大内部交易成本，降低整个集团的竞争力。因此，集团公司的收购团队和管理人员必须具备跨文化交往和管理、促进文化融合与增进互信的能力，从而将文化差异从集团企业的发展"障碍"转化为集团特有的多文化"优势"。

在重组并购中，实现财务意义上的资产合并不算太难，收编和调整被收购企业的团队也不难，但是要将团队整合起来形成更新更强的战斗力，保障战略目标的实现，却是一件极其困难的事情。收购企业经常遇到的问题之一是：收购完成之后，实施收购活动的团队没有足够的能力领导被收购企业。为此，在重组并购实施之前，就应做好人才的储备工作，在收购工作团队中设置专门的接管团队。接管团队应该对被收购企业的文化特征和管理模式有一定的了解，对其所处的行业有较深刻的认识，同时对收购企业的文化和管理理念充分熟悉。如果缺乏这样一支团队，并购完成之后很容易出现管理上的断层——要么是管理不到位，形成内部人控制，要么是派出的管理团队不懂行业和企业特点，照搬母公司的文化和管理模式，导致文化冲突。

此外，实施并购之前，在尽职调查和谈判等过程当中应该尽量增进对被收购企业的了解。在前期沟通的过程中，接管团队人员就应接近目标公司内部，熟悉情况，掌握要点。一旦实施并购，在开展业务流程优化和组织机构调整的过程中，要从企业文化的角度出发有所考虑。思科集团 CEO 约翰·钱伯斯也认为，在并购企业的过程中，除了考察目标企业的技术能力外，更重要的是看这个公司的文化与思科有多大差异。所以，每次收购企业，他都会带上人力资源部的专家对目标企业的企业文化进行考察。

需要强调的是，收购方的团队可能在心理上具有客观上的优越感。但越是这样，越需要认识到管理模式本身并无优劣之分，而是与企业文化等特征紧密联系在一起的。适用于母公司的管理模式，不一定适用于子公司的企业文化环境之中。在一些情况下，容纳子公司的亚文化，为子公司留下创新和改造管理模式的空间，是更为明智的做法。

以"外王内圣"为纲领的海尔集团 13 年兼并 16 家国内企业，组成当时家电行业最大的一支联合舰队。其中，对红星电器的兼并是海尔认为最成功的一次。海尔通过注入企业文化和管理理念，同时保留红星自己的特长和优势，使这个企业重新焕发了活力。

可见，在收购的过程中，并不一定是单方面地将母公司文化复制到子公司，而是让子公司保留一定的特色和灵活度，这反过来也促进了母公司文化的更新和发展。思科集团经过多次收购之后，自身的文化也渐渐发生了改变，形成包容并蓄的特色，吸引来自不同文化、具有不同背景的人才加入。

● 法人治理与文化治理

对于一个拥有不同领域成员企业的集团而言，要实现对成员企业的管理，保证管理的有效实施，除了治理结构等方面的设计外，集团文化是很好的工具。除了资产纽带以外，企业集团迫切需要一个共性的文化纽带，将不同业务单元以内在的文化逻辑相连接，在全集团实现同频共振，促进集团战略意图的共识，实现对成员企业的有效管理和引导，这是集团文化建设的重要任务之一。集团文化虽然没有强制性和法律的约束力，但是由于形成了一种心理契约，对成员企业经营管理的无形约束力和黏性反而可能更强。

2001 年，全球第二大计算机制造商惠普高调宣布将以 250 亿美元并购排名第三的康柏公司，原本预期获得华尔街的祝福，但却被投资人劈头盖脸地泼了一盆冷水——两家公司的股价连续走跌，此次联姻并不被大家所看好。这是因为市场认为重组并购之后的公司在执行力、竞争能力与获利能力等方面很难提升，人们普遍担心惠普重蹈当年康柏收购 DEC 的覆辙。的确，两家公司合并以后，面临的重要挑战之一就是企业文化的融合问题。出乎意料的是，惠普和康柏克服了各自原有的企业文化背景冲突，共同创建了一种全新的企业文化。在这一企业文化的指引下，二者互相弥补以前的不足和市场缺失，新惠普公司的产品研发计划有的放矢，避免了盲目投资计划，为确保实现收入和赢利双双增长夯实了基础。

与法人治理相比，文化治理比较"软"，更加柔性。而法人治理有明确的责、权、利安排，具有刚性。只有将二者相结合，才能发挥更好的集团管控效果。大集团如果缺乏法人治理，没有规则，则必然陷入管理混乱。而如果缺乏文化纽带，只试图依靠资产和公司治理结构进行刚性管理，集团成员企业之间作为独立法人，并不具有天然的协同动力，在这种情况下很容易导致各自的本位主义，缺乏宽容和互谅，导致摩擦增加，降低内部协同的效率。

当然，在多元化的集团中，出现文化冲突是不可避免的现象。如果处理不当，可能会侵蚀集团发展的基础，最后导致"1 + 1 < 2"的局面出现。如果处理得当，反而可以促进集团文化的创新、融合和进步。这就要求集团公司发挥文化中心的作用，促进集团成员企业吸取集团文化，同时互相理解对方的文化和行为特征，相互学习、取长补短，最终形成新的集团共同文化。

四 传播集团文化的种子

● 吹开文化的蒲公英

在汉语中，"传播"是由两个动作组成的词，其中"传"具有"递、送、交、运、给、表达"等多种动态的意义，"播"则有"播种、撒播"之意。这就表明，"传播"至少包括两层意义，一是传送出去，实现扩散；二是让传送出去的东西生根发芽，产生效力。在英语中，"传播"一词可以用 communication 表达，该词的意思包括"通讯、通知、信息、书信；传达、传授、传染；交通、联络；共同、共享"

等，我们理解也至少包括两层重要的含义，一是共享，二是信息。

所以，传播是文化和信息传递的重要工具，文化的传播就是在组织中将文化内容扩散、继承、传递下去，让它在不同的土壤中生长，同时与其他的文化相碰撞和融合。文化的延续和交融都离不开传播以及相应的扩散效果。反过来，文化的特性以及相应的社会或组织环境也影响或约束着传播，决定着传播的模式和效果。

企业文化是整个社会文化的一个部分，所以它也离不开传播，同时又影响着传播。随着社会、经济和技术的发展，企业信息传播和沟通方式在不断发生变化，开展企业文化传播也成为企业文化建设的重要手段。前文所提到的品牌就是企业文化传播的载体之一，因此我们不再对集团对外的文化传播进行赘述。可以明确的是，企业文化的传播不但能够对外扩大企业的知名度，促进社会对企业的理解，而且能够对内作为集团文化管理的手段，促进成员企业的相互理解，寻找共同成长的目标和机会。

在企业内部的文化传播，通常是由管理层发动，将想要传达的文化信息传递给员工，形成理解、思考和解决问题的统一方法论和行为准则。同时，通过企业内部的互动，形成企业文化传播的正反馈机制，从而维持和改善企业文化。在企业内部成功的文化传播，配合企业文化管理和行为评价，就像图 12 - 1 所示，可以让所有员工对企业发展目标、价值观和行为准则形成共识，将企业文化与自身价值观相统一，进而反映在自觉的行为习惯上面，这是企业文化建设所要达到的终极目标之一。

当企业公开传播的企业文化，与员工自觉的日常行为习惯相吻合的时候，则说明传播取得了积极的效果，企业想要树立的价值观在员工中扎根并取得了共识，企业文化的影响力和生命力较强。反之，如果公开传播的企业文化与员工的日常行为习惯彼此背离，那说明文化的种子未能开出理想中的花朵，企业主流文化变成了弱势文化，而各种亚文化占据了主要地位。

● 集团内部的文化传播载体

集团内部的文化传播，就是通过各种手段和工具在集团各成员企业中加强交流和深化沟通，形成对集团文化、制度、行为方式和价值观的共识，以减少内部的文化冲突和分歧。如上文所讨论过的，实施集团化管理的目的之一就是为了整合资源、完善功能，而集团化管理的效果受到集团文化管理的影响。所以，集团公司除了输出人才、输出管理外，还必须学会输出文化。

国有企业集团首先可以依靠的载体是党的思想建设。在其他载体中，都不能忽视党的思想建设在各成员企业基层党组织中所能发挥的巨大能量。但是，应该采用哪些思想建设的工具和方式，让企业员工喜闻乐见、真心接受，这还需要从事党建工作的同志积极探索，找到更多有效的途径。

微群是随着信息技术和网络技术发展而出现的新生事物，它类似于 BBS 但形式更加灵活、精练，沟通更加快捷。建立企业微群是企业跟上时代潮流、充分利用现代技术开展文化传播的体现。微群应充分展现包容性、建设性和批判性，帮助每一个成员企业改进管理，帮助每一个员工不断地发现自我，在自我修养中不断认知企业和社会。

集团报刊虽然是传统媒体，但其影响力不容小觑。集团报刊除了自身的新闻属性外，主要的职责是传播集团的主流文化，同时也揭露和批判企业经营、管理、文化建设中的负面事物。通过精心编辑，奉献给读者以精神食粮，就会有越来越多的成员企业和员工把它作为集团文化的承载者，去了解、关心和参与文化建设，这将推动集团文化和核心价值观的传播走向成功。

最后，还可以考虑建立集团的企业大学或者研修院。企业大学首先是集团文化建设的阵地，其次才是集团内部培训的载体。企业大学与社会大学的区别就在于它传播的知识领域不同，它的教育应该是系统化的，是集团自有的"商学院"，是班级化教育。它将不同成员企业的人员集中起来开展培训，增进他们之间的非正式沟通，传播集团的核心价值观，统一他们在职业行为中使用的语言，从而缩小不同成员企业之间的文化差距。企业大学的教育方式、教育大纲应该服务于集团发展的规划和战略，而不能只猎奇地去看社会上现在有什么商科课程。应该根据集团和成员企业发展的实际需求，以及企业管理者和员工在提升专业知识和技能方面的需要，量身定制自有的课程。

五　走在同一条路上：基于文化的集团管控实践

• 万科的文化管控

在集团文化管控方面，很多国内的优秀企业集团做了非常成功的尝试，为集团管控营造了良好的文化环境。

在万科，总部与一线公司拥有共同的价值观，确保在很多基本问题上达成共识、能够沟通、相互谅解。这要归功于万科的集团文化，每一个万科高管都能够随口说出万科文化的精髓——尊重人、透明和客户导向，并且深为认同。同时，万科还通过一些人力资源制度安排促进文化认同。例如，一线公司新任管理层如果此前没有在总部工作过的话，必须到总部交流一个月；一线经理也必须定期强制休假一个月，回总部交流。这种制度安排对于公司经营管理而言，无疑增加了很多成本，可能影响到短期的管理效率，但是这样有利于促使一线管理者与集团公司在对文化和战略的认识方面达成共识。正如一位一线经理所说："集团管控的核心部分其实很清楚，是文化、道德底限、价值观的管控。集团从总经理到下面每一位员工，对任何人都一视同仁。不管你的权力或者是信任度有多高，在制度面前都是一样的。价值观就是道德底限的管控。每年年初总裁要宣讲，我们一线总经理在年终，自己也要讲价值观这门课。包括我到总部来，也还要把这门课再学一遍。这是最深的文化。"①

在统一的价值观基础上，万科注重尊重员工，给予充分授权，建设具有包容性的企业文化，这些措施有力地化解了集团管控中潜在的矛盾和文化冲突。但需要提示的是，万科的文化基础与国有企业差别较大，它从创立之初就采用了西方的管理理念、管理方式和治理结构，在根本上受到西方宗教伦理的影响，这种西方化的文化基础是中国国有企业所不具有或无法接受的。

● 江钻股份的文化管控

江汉石油钻头股份有限公司（简称"江钻股份"）是国家一级企业，国家重点高新技术企业，亚洲最大、世界先进的石油钻头制造商。公司前身江汉钻头厂始建于1973年，80年代成功引进国外石油钻头先进技术，1998年改制上市，总部设于武汉东湖新技术开发区，拥有潜

---

① 刘湘明：《万科：企业文化基础上的集团管控》，《商业价值》，2010年9月。

江钻头事业部和上海分公司两个钻头制造基地，下设承德江钻等子公司。江钻股份注重将母公司的成熟管理理念和企业文化输出到下属企业，实施整个集团文化整合。同时，成员企业来自不同地区，具有不同管理风格，拥有不同的产品和市场渠道，也将自己的企业文化带进来江钻股份集团文化之中，推动了集团文化的融合和改变。江钻股份将企业文化比喻为水势，借势可以以柔克刚，在制度、绩效、目标管理难以发挥作用的地方，可以通过企业文化的浸润，引导组织和员工在行为方式与理念上发生转变。为此，江钻股份以刚柔并济的方式向下属企业输出其企业文化和管理模式。

集团文化的输出不是单一的文化宣传。江钻股份主要通过几个方面实施：一是从下属企业高级管理人员的管理着手，导入"人、权、信、绩"的管理模式，每月召开经营分析会，及时交流和共享信息，促进经营管理能力提升；二是利用《文化案例》等载体和《江钻人报》等企业文化宣传平台，推动员工对执行价值与执行效率进行思考和分析，交流心得体会，使得成员企业对江钻股份特有的"研究管理与科学、行动与成功、激励与效率、卓越与评价四方面关系"为核心的 SME 管理模式有了更加具体的理解，进而引导其行为；三是开展展望式评价，在对下属企业的考核评价中加入业绩增长幅度的考察指标，改变了以往经营计划管理部门与下属企业博弈的局面，推动下属企业以市场化方式稳步成长、持续创新。

● 联想控股的文化管控

柳传志曾说："我有一个心愿，就是要把联想办成一个'没有家族的家族企业'。文化是资本之外，联结这个家族的重要纽带之一。希望这条纽带，能把成员企业更紧密地联系在一起；也希望这条纽带，能把个人的追求与企业的发展更紧密地联系在一起；这样，我们就会更加稳健地迈向更大的目标。"的确，从长远看来，文化纽带比资本纽带可能拥有更强的生命力和黏性。

联想控股追求的目标是"做强、做大、做长，做成百年联想"。而联想控股的文化是实现"百年联想"目标的根基和保障。实践证明，联想控股的企业文化在凝聚队伍、推进重大战略的决策与执行方面发挥了关键作用。在文化管控中，联想控股坚持"根文化"的精神实质，同时允许集团内成员企业发展各自的亚文化。随着业务走向多元化，集团文化也在不断发展和丰富。新旧文化、主流文化和亚文化的交流和互动，在联想控股业务多元化、国际化的过程中频繁发生。多元化的业务领域使得子公司的文化特征越来越远离原有的计算机和信息技术类企业文化，呈现更加鲜明和不同的气质。而联想控股充分尊重和鼓励子公司发展有特色的亚文化，并用以丰富集团文化体系。统一的根文化与丰富的亚文化不断融合，确保集团文化体系具有足够的活力与包容性。

在文化传播的过程中，联想控股充分利用联想管理学院这一平台，承担了文化传播的重要任务。联想管理学院不仅是集团培训基地，也是研究不同成员企业文化特性、文化需求和开发文化课程的基地，促进了集团文化的理解和应用。管理学院同时为成员企业培训管理文化基础课程的内部认证讲师，并提供广泛的文化培训课程，不但传播集团公司的文化，也帮助子公司健全自身文化体系。

对于新员工，联想控股组织"新老结合、边学边练"的所谓"入模子"培训，帮助员工了解联想文化，把握行为准则，尽快融入企业。集团中层以上干部都纳入联想管理学院的培训体系，骨干和高层次人才在"入模子"培训中起到传帮带的作用。对于子公司的管理层人员，联想控股最高管理机构——执委会直接对其进行集体辅导，由高管担任兼职讲师。

可见，联想控股在文化管控和文化传播的过程中并没有单纯依赖宣传工具和行政手段，而是更多地通过渗透、融合等方式，促使子公司产生共鸣，鼓励创新和特色。

第十四章　创新与变革：文化
长青的源泉

　　现代企业处在快速变化的市场环境中，自身也在持续进化，因此企业文化建设不可能是一劳永逸的。一度帮助企业取得成功的企业文化，在新的时期可能成为企业继续前进发展的绊脚石，这时就需要对文化进行创新和再造。因此，企业文化创新变革，是保持企业生命力的重要手段。要随着外部客观环境和企业内部因素的变化，不断为企业文化注入新的内容，使得企业文化始终与外部环境和发展战略相匹配。中国国有企业的文化特征也是随着国家经济的发展而不断变化的，在计划经济时代是国家利益至上基础上的企业文化，转入市场经济以后开始兼顾国家、企业和员工利益，进而逐渐关注社会和环境利益，并相应不断丰富企业文化的内涵。可见，企业文化的变革有着时代进步和企业发展的烙印。随着社会的进步、经济的发展和企业的转型，也只有及时对企业文化进行调整和整合，才能满足时代对企业的要求。

一　以创新变革胜不变

● 企业发展离不开文化变革

　　在企业发展的进程中，企业文化是鼓舞士气、加强沟通、优化管理的核心因素，是企业发展的内在动力。作为企业内部的主流意识形态，它深刻地影响员工的心理和行为。可以这么比喻：企业员工的理念和行为习惯的作用相当于企业的软件部分，如果软件部分没有到位，硬件部分（组织和结构）就无法发挥正向作用。

当企业不断成熟和发展，在管理架构的调整和战略的转型过程中，管理者和员工在认识和行动上的滞后可能成为战略推进的重大障碍。如果一个团队不能真正从思想、理念到行为模式上作出适当而及时的转变，那么企业的战略推进就无法顺利、深入地进行。当一些新的管理规则和管理理念建立起来时，如果企业文化变革没有跟上，新的规则和理念很快就会被旧的行为习惯同化或异化。因此，必须强调和重视与我们经营管理发展阶段相适应的企业文化变革，以支撑和保障企业在经营管理和战略执行过程中少发生偏差。

然而，文化创新变革的难题在于：企业文化建设虽然非常困难，可是一旦企业文化成形之后，就会像钢铁一样坚固，很难再次打破。特别是对于大中型国有企业而言，由于组织庞大、人员众多，文化惯性极强，进行文化再造的阻力可想而知。除非能够从一开始就设计一个全面的文化改革方案，并投入足够的资源实施文化再造，否则很可能会半途而废，功败垂成。

● 企业文化如何创新变革

企业文化变革是一个复杂的系统工程，绝非一日之功。主要应抓好几个方面的工作。

一是企业文化内容的变革。企业文化的变革，需要一个对企业文化核心内容进行分析、创新、再传播的过程。首先要对原有的内容进行分析，根据企业文化变革的需要，确定哪些部分保留，哪些部分扬弃。其次是在此基础上搭建新的企业文化体系，这需要组织专门的团队进行研究，进而发动全体员工开展讨论，取得共识。三是再传播，在前两个阶段中实际上已经开始了内部传播的活动，以保持一个平稳的文化过渡阶段。新的文化内容体系建立之后，采用多种方式将它注入企业内部，通过各种传播载体再次进行企业文化的传播。

二是企业家的推动。在企业文化的 6 要素中，企业家始终是企业文化的主要发动者。相应地，合理的企业文化变革应该是一个自上而下再自下而上的过程。首先需要企业家的力推和率先垂范，进而带动全体员工了解、理解并接受变革，通过员工的反馈调整对文化变革的期望和步骤安排，最后达到理想的变革效果。

三是人力资源管理体系的配合。要克服原有企业文化的惯性，最终还是要落到企业内部人员的身上，这就需要人力资源管理体系的配合。首先要通过绩效管理体系进行引导，让员工认识到按照新的企业文化要求采取行动就能够得到正向的绩效激励，而坚持原有的文化和习惯则会影响自身绩效。这就将"为企业而改变"变成了"为自己的利益而改变"，从人的本性角度驱动员工积极主动地改变行为特征。其次是通过企业内部培训，宣传新的企业文化。培训是企业文化传播和变革的重要载体。

此外，还要在战略管理、文化管理以及相关的规章制度等方面做出改进，以推进企业文化的改变，倡导符合新的文化方向的行为，确立新的行为准则和规范。

● 选准企业文化变革的时点

企业文化变革有时是有计划、从容开展的，有时是"计划外"、被动开展的，有些是渐变性的，有些是突发性的。当企业在战略转变层面准备较为充分时，会启动渐进性的文化变革，随着战略转变的步伐逐步改变和取代原来的企业文化，像是和风细雨一样"润物细无声"。而面临一些突发性的诱因时，企业被动应对，在短时间内完成文化特征的转变，更像一场暴风骤雨，如果应对不当很可能给企业发展带来颠覆性的破坏。

企业在实施新的战略时，组织、业务、管理模式都会发生或大或小的变化，这种变化可能与现有企业文化存在一定的不一致甚至冲突。在这种情况下，企业要么调整新战略的实施方案，要么相应地改变企业文化。归根到底，我们认为企业文化的变革是与企业战略的变化密不可分的。所以我们在判断文化变革的时点时，重点在于观察那些可能给企业战略带来重要改变的内外部因素。

1. 外部因素

一是宏观政策和经济环境的变化。与行业相关的一些产业政策或法律法规的变化，可能给企业带来战略调整的压力或动力，从而要求企业文化随之改变。例如我国关于战略性新兴产业的发展规划、"十二五"发展规划、关于鼓励私营企业加快发展的政策、民间金融试点政策，等等，都可能给相关产业内的企业带来重要影响。

二是技术革新带来的冲击。技术的进步主要包括两大方面，一方面是与生产经营相关的专业技术变化，会在很大程度上改变产业链结构或行业内的技术力量对比，从而使得企业调整战略和文化风格。例如某一类新产品进入市场，导致整个行业技术范式的变化，这时企业可能就需要比以前更加强调创新、突破、挑战的重要性，加强对创新和冒险行为的激励与保护，以追赶行业技术进步的步伐。另一方面是指信息技术和网络技术的变化，它会改变人们的沟通方式，推出更加高效的经营管理工具，从而给原来的组织模式、人际关系、沟通渠道带来深刻的变革。

三是市场环境发生的剧烈变化。当今世界，市场竞争环境瞬息万变。特别是当竞争对手发生巨大变化时，就很可能逼迫企业文化发生变革。比如出现了新的强大竞争对手，或者原有的竞争对手出现了联盟，导致企业市场份额下滑和竞争压力突然增加，可能文化氛围就要有所改变，从"求稳"转为"求生存"、"突破包围"等。

2. 内部因素

一是企业进入快速增长期。如果企业突然进入一个快速增长的阶段，人员规模、组织规模或资本规模迅速膨胀，分支机构加快铺点，市场占有率或销售额快速上扬，这时原来适用于相对较小规模的企业文化很可能无法跟上企业快速增长的步伐。当二者之间的错配大到一定程度的时候，企业在较大规模的水平上缺乏足够的文化支持，可能会导致无视风险或后继发展乏力。因此，一旦企业即将或已经进入快速增长期，就要开始审视是否需要变革文化，甚至是否已经面临文化危机了。

二是企业发展陷入困境。大部分企业的发展都不是一帆风顺的，就像人的成长一样难免会遇到挫折。当企业的经营效益较差、市场占有率萎缩、士气低落而找不到直接原因时，可能就需要从企业文化的角度进行诊断分析。如果企业文化确实是导致企业发展速度缓慢的原因之一，那越早进行文化变革就越有利于企业走出困境。

三是高管层的重要变动。尽管我们不建议将企业文化视同高管个人的文化，但考虑到企业家在企业文化中的关键性作用，高管层的重要变动很可能是企业文化变革的激发点。这是因为不同的企业家在经营哲学和战略性思维上可能有较大差别，如果继任者准备对企业战略和组织架构进行相应的调整，那么企业文化的改变将是大概率事件。

例如 GE 公司的前 CEO 韦尔奇比较鼓励激烈的观点碰撞，而继任的
CEO 伊梅尔特则更倾向于促进和风细雨式的沟通。他们给企业文化带
来的变化，与各自时期企业发展的战略是相匹配的。

二　管理好企业文化的变革

● 成长的烦恼：企业生命周期

企业的成长就像人的成长一样，是一个动态、变化的过程，可以
划分为特点迥异的若干阶段。企业生命周期学说应运而生，并且被广
泛认知和应用。

企业生命周期的概念最早由马森海尔瑞（Mason Haire）提出。他
发现企业在发展过程中会经历不同阶段，最终可能由于各种问题出现
停滞、死亡等现象。伊查克·艾迪斯（Ichak Adizes）在《企业生命周
期》一书中将企业的生命比喻为生物体，并将企业的生命过程划分为
两大阶段、十个时期。成长阶段包括孕育期、婴儿期、学步期、青春
期、盛年期，进入稳定期。而老化阶段包括贵族期、后贵族期、官僚
期、死亡期。

就像人一样，企业在不同阶段的不同时期，会表现出不同的行为
特征。主要包括：

1. 孕育期

孕育期是创业者筹备企业的时期，企业尚未真正诞生。创业者关
注的焦点是如何通过创业满足细分市场的需求，为客户提供所需的服
务甚至为客户挖掘出新的需求。这个时期创业者最重要的品质包括前
瞻性、创新性、市场敏感性以及忍受挫折的韧性。

2. 婴儿期

企业一诞生就进入了婴儿期。婴儿期的企业投入高而回报正处于刚产生而有待提高的阶段,最重要的任务是生存下来,避免早夭,以等待市场成长之后迎来大发展的机会。这个阶段的企业可能不具备完善的规章制度、组织架构、内控机制和授权体系,在很多时候不得不更加关注短期效果和回报,而且经营业绩不稳定。但是也正是由于没有完善的体制机制和组织架构,整个企业的决策效率高,内部协作和沟通成本低,创新点产生较多。

3. 学步期

学步期是企业经营绩效逐步提升的时期,企业家在经营管理方面有所成熟,但企业也开始受到已有企业的重视和打压,同时可能有新的模仿者在后面追赶,同业竞争的压力越来越大。企业手里有了钱之后,开始考虑扩大市场份额或进行多元化发展,如果处理不好可能衍生出一批累赘业务,拖累整体表现。

4. 青春期

青春期的企业就像刚刚能够独立生活的年轻人,内部的矛盾开始显现,例如原来的创业团队与为了扩大业务规模而新招的团队之间可能存在文化冲突和利益纠葛。企业的管理模式需要在原来的创业式管理的基础上提高一个台阶,向规范化转变,体制机制和规章制度必须有所完善。

5. 盛年期

盛年期是企业成长非常快的一个时期,生命周期曲线在这个阶段的斜率非常大,收入和利润水平增长较快。企业兼具创业时期的灵活性和成熟时期的自控力,体制机制和组织架构刚好能够满足这个时期业务发展和风险控制的需要,而企业的气质和视野也已经摆脱了幼稚和狭隘的毛病。企业开始设立分支机构或新的业务板块,并迅速成为行业内的重要力量之一。

6. 稳定期

稳定期虽然名为稳定，但是生命周期曲线的斜率在这一时期开始由正转负，也就是开始有了衰老的迹象。企业的经营绩效仍然很好，但行动的灵活性就像老人关节的弹性一样逐渐降低，组织架构相对来说开始变得冗余和庞大，创业和冒险精神被保持稳定的谨慎所代替。这一时期的企业开始将注意力从开疆拓土转为保护现有的市场份额和地位，对扩展新的市场、开展新的技术创新有所疑虑，蠢蠢欲动提倡变革的积极分子不受欢迎。如果这个时期不能重新振作起来，可能就会悄悄转入贵族期。

7. 贵族期

贵族期的企业已经不知不觉走在下坡路上，企业关注的重点不是开拓市场，而是内部控制、福利、稳妥发展，总体的文化氛围是"多一事不如少一事"。在自身增长乏力的情况下，企业会倾向于通过并购重组年轻的企业，为自己买到廉价的年轻血液。这一阶段企业的市场占有率、利润、收入等指标可能出现明显的下滑。

8. 后贵族期和官僚期

后贵族期和官僚期的企业往往最终滑向死亡，除非有根本性的重大变化，如被有能力的企业并购和改造。在这两个时期的企业无力实现发展的良性循环。内部管理效率低下，规章制度众多而得不到有效执行，创新思想缺乏或受到压制，内部关系冲突不断，对个人自身利益的争夺和保护普遍胜过了对客户利益和企业利益的关注。

企业文化与企业的发展战略密切相关。企业处在不同的生命周期阶段，会有不同的战略，相应就需要不同的文化予以支持，同时也造就不同的文化特色。

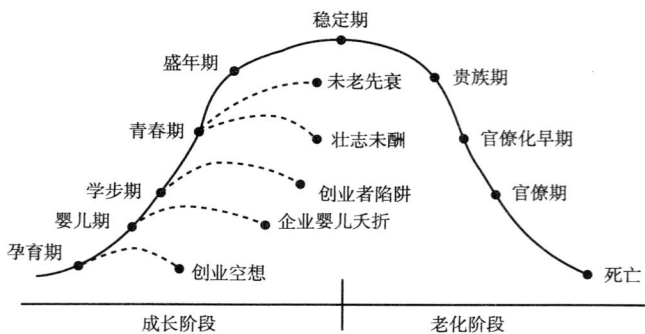

图 14-1 艾迪斯的企业生命周期划分

● 量身定做：选取正确的变革方向

中医讲究"辨证施治"，对企业文化所下的药方也不是一成不变的。在生命周期的不同阶段，企业应该选择不同的变革方向。正如上文分析的，盛年期是企业发展最好的时期，也是企业文化变革的努力方向。对于处于成长阶段早期的企业而言，文化变革的目的就是努力使企业成熟起来，步入盛年期。而对于老化阶段的企业而言，就是推动企业返老还童，重归盛年期。

如果企业正处在上升曲线上，那么企业文化的大方向就是从创业型向盛年型转变。这一时期的企业不再像创业初期那样灵活、弹性，面临的挑战和诱惑更多，可以考虑开展战略规划、明确目标和发展方针，从而避免走入歧途。这一时期企业家的关注点要从关注产品创新转向客户服务和内部管理。此前的企业面临巨大生存压力，赢利水平相对较低，产品相对单一，关注点主要是产品和服务的质量，非常依赖于内部团队的非正式沟通协调与创业激情。企业文化氛围相对较为随意，充满创造性和冒险精神，团队合作较好，但是管理相对不规范，市场经验不足。

在企业从生存压力下稍稍有所缓解，资金和收入规模稳步向好的情况下，应该进一步研究客户，以及如何为客户提供更好的产品和服务。对内，要在人力资源管理、财务管理、风险管理等方面逐步完善。随着规模的扩大和组织的完善，在选人用人的时候不能再过于随意。规模大了以后，小企业内部的道德约束必须用制度约束来替代，比如财务管理制度的严格将确保成本不会失控。总体而言，随着企业内部资源相对更加丰富，利益关系也更加复杂，需要有较强的资源整合和协调能力。

如果企业已经进入稳定期及以后的时期，那么企业文化的大方向就是从官僚型向盛年型回归。这个时期企业的主要特点是层级制度较为森严，制度僵化导致灵活性丧失，员工更多地考虑保护自己的利益，回避而不是承担责任。企业内部划分地盘导致利益冲突。由于市场地位较稳固，而且关注点转向内部的自身利益，对客户利益的关心逐渐淡化。这种现象最典型的是出现在一些尚未进行改制的老国有企业或事业单位中，由于还有一定的垄断经济来源，各层级人员更专注于搞人际关系而不是技术创新和市场开拓，最终由于政策保护的忽然消失而倒下。

这种企业的文化变革，首先要有管理层的改变，引入有创新创业激情和冷静头脑的企业家。采用各种文化传播平台和载体，启动和宣传企业文化的变革，传播新的理念。一方面要倡导创新精神，重新激起员工的创业热情，另一方面通过组织机构的扁平化和授权体系的搭建，打破层级和制度僵化的束缚，赋予员工承担责任和发挥才能的空间。在战略层面，应该重新进行内外部因素分析，明确企业内部的主要劣势和外部的主要威胁，找到扭转局面的技术、制度或产品、服务突破口，相应推进组织架构、业务板块和体制机制的改变。针对内部沟通的不畅，重新倡导团队精神和亲情文化。

三 学习再学习

● 学习型组织与文化创新

进入"知识经济"时代，无论是企业、政府还是各类社会组织，都日益认识到组织整体学习进步的重要性。学习型组织，就是通过培养形成覆盖整个组织的学习氛围，在组织内部形成自发的学习、创新的冲动，充分发挥人才的创造性和主观能动性，以推动组织的持续发展，延长组织的生命周期。

学习型组织主要有几个特点：一是组织机构较为扁平化。层级过多会限制组织内信息的传递，降低决策和执行的效率，而扁平化的组织内信息传导快，对外界反映较为迅速和灵活，更加适合学习型组织。二是组织成员对愿景、使命达成共识。对组织的愿景和使命达成共识，有利于员工将个人追求与企业目标相结合，从而形成自我学习提升的内在动力。三是有促进学习的体制机制。主要是通过人力资源管理制度，在激励约束、培训、职业生涯发展等方面向学习型人才倾斜，引导员工开展学习。四是员工自主管理意识强。学习型组织的创建和发展最终有赖于员工的自主学习热情，组织成员有自我学习、自我管理、自我提升，以及相互交流、相互学习、相互支持的动力和传统。

由此不难看出，创建学习型组织与建设积极健康的企业文化之间有着密切的关系，具有互相促进的内在逻辑。企业文化的形成和延续需要通过学习和培训作为传递渠道，而学习氛围必须在鼓励学习创新的企业文化下才有可能形成。

建设企业文化离不开学习型组织。海尔集团 CEO 张瑞敏曾经说过："企业文化要保证所有员工的认同，就需要形成一种学习型组织。21 世纪的企业应该是学习型组织。"建设学习型组织也离不开企业文化的支持。团结互助的企业文化能够凝聚人心，促进内部资源和信息的流动，增进彼此了解，从而让员工对组织的愿景、使命形成共识，也加强彼此的沟通交流。在微软，比尔·盖茨主张和鼓励人们保持密切联系，加强互动式的学习，提高资源共享的效率。同样，鼓励创新的企业文化能够提供冒险和创业的土壤，让员工有机会将学习成果转化为创新成果，带来经济效益。

　　总之，将企业文化建设同学习型组织建设结合起来，对内可以提高员工能力，凝聚智慧，增强积极性和创造性；对外可以展现进取、谦虚、团结的企业形象，扩大品牌影响力。王石说："竞争优势是由个人和集体的不断学习促成的。"在将怡宝蒸馏水出售给华润创业之后，他意味深长地感慨："以后我们收购和兼并企业，也要向你们学习。你们让我知道了专业和非专业的区别。4 年前，我们收购怡宝合同只用了 1 页半纸，而你们收购却用了 30 页纸。"万科就是这样毫不犹豫地向先进企业吸取营养——从沃尔玛学到快速获得市场情报的方法，从丰田汽车学到资产管理的技巧，向索尼学习售后服务，向新鸿基地产学习客户管理……通过虚心的学习，万科在市场上不断推出新的产品，避开许多潜藏的危险；通过学习，万科及时发现自身的问题，避免了重大决策失误。对此，华润的黄铁鹰评价说："万科是一个可怕的公司，因为他们不拒绝学习。"

　　作为全球第二大电信产品制造商，华为也非常重视学习型组织的建设。在《入职欢迎辞》中，他们对新员工提出："希望您丢掉速成的幻想，学习日本人的踏踏实实，德国人的一丝不苟的敬业精神。您想提高效益、待遇，只有把精力集中在一个有限的工作面上，才能熟能生巧，取得成功。现代社会，科学迅猛发展，真正精通某一项技术就已经很难了，您什么都想会、什么都想做，就意味着什么都不精通。……一个高科技产业，没有高素质的员工是不可想象的。公司会有计划地开展各项教育与培训活动，希望能对您的自我提高、自我完善有所帮助。业余时间可安排一些休闲，但还是要有计划地读书学习。"

● 国有企业更应打造学习型组织

当今的商业世界，已经进入学习型组织的时代。面对日新月异的外部商业环境和技术环境，面对越来越多的新工具和国际交易中的新规则，只有真正成为学习型组织的国有企业，才能够保证企业发展的持久活力和企业文化的生命力。

作为共和国的"长子"，国有企业在历史上为我国经济建设作出了巨大的贡献。在新的历史条件下，很多国有企业还沉浸在行业垄断的甜美之中无法自拔。虽然学习型组织的理论已经通过各种活动，走进了几乎所有的国有企业，但本质上有多少企业打造出了真正的学习型组织，还有待观察。客观看，不少国有企业在建设学习型组织方面还存在一些不足，比如原本的层级较多，内部信息沟通和学习交流难度较大，对外界信息的反应较为滞后。人力资源管理理念不够市场化，考核激励引导不到位，员工受到"铁饭碗"观念的影响，学习提升的主动性不强。有些国有企业的学习型组织建设更像"搞运动"，重形式不重内容，运动来了就组织一些读书或考试活动，运动过了就抛到脑后。具体到培训活动中，也存在一些误区，单纯从完成培训任务的角度出发，而对员工的实际学习需求考虑不够，使得员工的学习培训较为被动，且无法获得急需的学习资源。

有鉴于此，国有企业首先应该研究什么才是打造学习型组织的正确方法。不同的国有企业有着不同的特点和优劣势，以下的几个方法并不一定适用于所有企业，但相信对大部分企业都会有借鉴意义。

一是树立愿景、使命并促进员工达成共识。上一节已经讨论过，对企业愿景、使命的认同会让员工主动把自我提升与企业发展捆绑在一起。对于一家国有企业，特别是大中型国有企业而言，需要建立起具有自身特色的愿景、使命，成为员工的共同理想。因为有自身特色，才更容易让员工相信，也更易于与企业实际结合；因为是共同理想，才能使得不同层级、不同背景的员工共同为之努力。

二是树立危机意识和学习观念。国有企业就业比其他所有制企业更为稳定是客观存在的现象，但并不应该等同于"铁饭碗"。国有企业需要通过文化渗透，让员工产生危机意识，打破"安稳休闲过日子"的观念。对于大部分员工而言，如果不能学习行业新知识、掌握信息技术工具，就要被降级或淘汰。如果由于种种客观原因而无法辞退，也可以对消极懈怠的员工采用搁置、不晋升等方式冷处理。反之，能力提升快、注重积累的员工会得到更多的晋升和奖励机会，这就会让员工主动求学、不断创新。

三是做好学习基础设施建设。要为员工的学习提供良好的环境和基础设施，这方面的投入不应吝啬，一定会产生足够的回报。比如通过建设企业大学，量身定制和开发培训课程，为员工提供在岗培训机会。通过设立图书室，给员工创造一个好的学习环境，养成读书、思考、交流心得的习惯。通过搭建网上学习平台，采用视频、PPT、音频等多媒体展示，让工学习更加便利。通过为专业资质考试提供休假便利和报销资助，鼓励员工在职攻读学位等，都可以提高员工自学提升的积极性。

四是做好企业知识管理。通过知识管理，将蕴涵在单个员工个体身上的知识和经验总结和储藏在企业知识库中。这使得整个企业的知识和经验可以不断积累、丰富和承继，而不受到人才流动的影响。如出版内部刊物、组织撰写工作案例集、搭建网上知识管理平台等，都是企业知识管理的工具。

四　敢问路在何方：国有企业文化向哪里去

● 保留中华文化精华

毛泽东同志曾说过："中国的长期封建社会中，创造了灿烂的古代文化。清理古代文化的发展过程，剔除其封建性的糟粕，吸取其民主性的精华，是发展民族新文化提高民族自信心的必要条件。"杜拉克也曾说："企业文化符合民族的文化，这样的企业才能扎根永存。"

对于今天的企业来说，越是民族的往往就越是世界的。在优秀的中国企业中，企业文化应该是民族传统文化中的精华部分与当今时代精神相结合的产物。既要传承和发扬历史文化中的宝贵财富，同时也要勇于借鉴发达经济体的发展经验和教训。企业文化建设与企业管理一样，亟需实现国际经验的本土化、民族化，因为管理和经营中国企业的、为中国企业服务的，大部分都是中国人。

在民族传统文化中，有整个民族的心理和道德积淀，它潜移默化地影响着中国企业的道德观和价值观，从而对企业凝聚力、竞争力的形成和发展产生巨大影响。作为世界四大文明古国之一，中华民族拥有深厚的文化传统，是企业文化建设取之不竭的宝贵资源，也是中国企业有别于国外企业而独有的精神财富。中国市场上的问题最终还要靠中国哲学来解决。中国哲学强调整体的方法论和抽象思维，这是一条自始至终贯穿着传统文化的主线。摒除传统文化中一些不健康和消极陈腐的思想观念之后，传统文化中诸如"以和为贵"、"诚信"、"慎独"、"中庸"等理念，对现代企业的和谐、可持续发展具有重要意义。中国企业应该做的就是结合自身特点，融入传统文化的精髓，使之产生有别于其他企业的独特竞争力。

海尔集团的企业文化就较好地继承和发扬了中华传统文化的精髓，并内化在管理理念之中。张瑞敏把这比喻为中医的诊疗："我愿意称自己为中医，中医就是望闻问切，对于企业来说，不可能都用量化来定。怎么说呢，就是一种感觉。"

一些民营企业在传承传统文化方面，也已经走在了前面。广东温氏食品集团有限公司（简称"温氏集团"）创立于1983年，从七户农民集资8000元起步，现已发展成一家多元化、跨行业、跨地区发展的现代大型畜牧企业集团，拥有员工3万多人。2011年实现销售收入309.93亿元，被认定为国家级创新型企业，荣获中国产学研合作创新奖。温氏集团始终坚持以"精诚合作，齐创美满生活"作为温氏企业文化的核心理念，创立者温北英先生（1936~1994年）深受传统文化的影响，在"温氏经"中用朴实的语言传达企业文化的内涵："吃不穷，穿不穷，不团结便穷"；"善于把不同才能、各具特色的人聚集起来，为共同目标而努力、而排除成见"；"爱憎分明，胸怀坦荡，在足以影响你工作的坏事面前要坚决，但要宽宏大量，非原则问题尽量忍让。善于利用下属长处，克服不利因素"；"以信为办事准则，始终是成功的重要因素，任何制度决不能替代信字"；"善于透过现象看本质，但不要直揭，也不要迁就，最好绕过它，让事实教育对方"，等等。

温氏集团传承了儒家思想中"和"、"义"、"信"等精神。在儒家思想中，虽然也有"重义轻利"的说法，但本质上并不是无谓地排斥"利"，而是将对天道、地道、人道的遵守作为取得利的前提，核心观念是"以义制利"，摒弃"见利忘义"和取不义之财。这也符合当代企业诚信经营的精神，兼顾社会效益与经济效益，从而实现长期可持续发展的效果。反之，诸如三聚氰胺事件、毒饺子事件、地沟油事件所反映出来的，恰恰是与传统文化中"以然后取"的思想相悖的，最终将导致"易粪而食"，不但会将企业自身引向灭亡，也将危害整个市场的诚信体系。

● 适应现代企业发展趋势

随着经济全球化和我国对外开放步伐的加快，中国与全球市场之间的联系日益紧密，中国企业再也不可能像改革开放前一样孤立地产生和发展。与外部文化之间的交流，不但成为企业发展的必需，而且也为企业的持续进步奠定了基础。因此，中国企业的文化体系必然会越来越走向开放和包容。也只有通过吸收一流企业的发展经验和教训，才能更好、更快地推动我国企业屹立于世界优秀企业之林。海尔集团就是在中国传统文化底蕴的基础上，融合了日本的团队合作意识和吃苦耐劳精神以及美国的创新观念，从而形成了独具特色、兼容并包的企业文化。

上文提到的温氏集团，其实在"温氏经"中并没有止步于传统文化，而是融入了很多积极进取、创新、打破常规的现代企业发展理念，例如"为了新业务的开展，往往必须挣脱现行结构的束缚。要有意识地、主动地，甚至有突破性地去打击公司里各种习惯的不合时宜的做法准则"；"能否放手去授权给别人，最容易鉴别一个主管的好坏"；"掌握语言艺术，反对夫子面孔、说教方法，要善于鼓动下属为你的目标作出努力"；"切实尽责，求上进，不安于清闲，明确在场工作的目的，自己救自己，自由竞争，优胜劣败"，等等。可见，温氏集团企业文化的成功在于继承传统而又不囿于传统，从而保持了企业文化的时代特性和生命力。

相反，我国很多企业，特别是民营企业建立的是"家族制"企业文化，与传统文化结合非常顺畅，在企业规模相对较小时能发挥很好的效果。但随着企业规模的扩大，家族管理方式和理念往往不肯轻易让位于基于制度和效率的现代企业管理理念，导致民营企业总是走进"做不大"、"一大就乱"的怪圈。在现代企业竞争中，必须通过制度性的安排去约束内部，通过创新性的安排去向外扩展，如果没有吐故纳新的机制，企业文化很可能走入困境。

平安集团在强调"义利并重，守义取利"、"举手投足，莫不遵守君子之道"的传统文化基础上，吸收国际企业发展的先进经验，引进国际化人才，从而在吸引外资、与国际市场接轨的过程中发挥了巨大的作用。汇丰集团坦言，如果平安没有一个国际化的团队，就不可能让汇丰作出参股平安的决定。

五　保持国有企业文化长青的尝试

● 持续变革中的国际企业

高瞻远瞩的一流企业普遍对文化变革非常重视。GE 公司前 CEO 杰克韦尔奇认为变革企业文化是企业高速成长的前提："如果你想让列车时速再快 10 公里，只需要加一加马力；而若想使车速增加一倍，你就必须要更换铁轨了"。文化的改变就是更换企业前进的铁轨，保持企业持续前进的必要手段。

对于 IBM 的持续成功，郭士纳指出："因为 IBM 能不断创新，产品战略随环境变化而调整。"这里的创新除了产品和技术的创新，也包括企业文化的创新变革。IBM 的文化价值观主要经历过三次大的调整，在创始阶段强调尊重个人，精益求精，服务客户；在 20 世纪 90 年代郭士纳时期，强调力争取胜，快速执行，团队精神；在 21 世纪强调成就客户，创新为要，诚信负责。IBM 文化价值观的每一次调整都与业务范式和市场变化相关联，围绕客户需求展开，反映了 IBM 人对市场和客户的深入分析与理解。

GE 公司的企业文化也在持续的变革之中，而且能够把握住变革的先机。韦尔奇在 20 世纪 80 年代初刚刚执掌 GE 公司时，GE 公司正如日中天，年销售额达 250 亿美元。但韦尔奇敏锐地捕捉到市场即将转变的微弱信号，并嗅出了危险的气息。他认为随着全球经济一体化的加速融合，二流的产品和服务将很难有生存空间，只有坚持数一数二、品质卓越、在市场上拥有控制地位的产品和企业，才能够持续占有统治地位。而在当时，GE 公司庞大的集团中大约只有 150 个左右的企业（如照明、电力系统和电机等）具有较强的市场地位，仅有燃气涡轮机称得上全球市场领导者，全公司收入中的 2/3 来自增长缓慢或是根本没有增长的老企业。为此，GE 公司确立了"数一数二"的战略理念，痛下决心，停顿、关闭或是出售无法达到市场领导地位的任何企业。通过树立"追求高质和卓越"的文化理念，GE 公司形成了一种不断挑战和创新的氛围，让员工感到向自己的极限挑战是一件很愉快的事情，始终认为能够比心目中的自己做得更好，使得每个员工都能够为自己所做的产品和所提供的服务而感到骄傲。

GE 公司企业文化变革的重要动力和基础是打造学习型组织。对外，GE 公司丝毫不犹豫地向优秀企业取经，博采众长，为我所用：向克莱斯勒公司和佳能公司学习新产品推介技术；向沃尔玛学习快速反馈顾客意见的 QMI 制度；向通用汽车和丰田学习高效原料供应技术；向新西兰家电厂商学习快速反应法；向摩托罗拉学习六西格玛管理方法；向东芝公司学习"减半活动"的商品设计概念……对内，GE 公司倡导集团内的学习交流，如航空机械公司、电力设备公司、运输机械设备公司等向 GE 医疗电器公司学习远距离诊断技术。特别带有 GE 公司烙印的是它的企业大学——克顿维尔村。每年 GE 公司从全球选送一万名以上的人才分批到克顿维尔村接受培训，韦尔奇坚持每月两次亲自发表演说，未经过克顿维尔村培训的员工不得提升。GE 公司还设立了专门的人才发展计划，如金融人才培养，每年平均为每个员工投入 20 万美元开设课程并进行轮岗。克顿维尔村不但成为了 GE 公司的专业培训基地，也成为全球不同地区不同专业 GE 人才的交流平台，为 GE 公司企业文化的统一和融合发挥了重要作用。

● 永远不失去"联想"的联想控股

截至今天，联想控股已经经历了近 30 年的发展历程。

第一个阶段是创业阶段，从 1984 年创立到 20 世纪 90 年代初。在这个阶段，柳传志带领中科院计算技术研究所的 10 名研究员，以 20 万元人民币起家，将年轻的公司命名为"联想"。通过技术服务和拳头产品开拓市场，在企业文化方面尝试了"研究员站柜台"、"联想天条"的手段，提出"不看过程看结果，看功劳不看苦劳"的效益观，"质量是生命，用户是上帝"的市场观和"信誉比金子还贵"的道德观。90 年代初期，联想开始集团化发展，并尝试开展规范化管理，倡导以求实进取精神为核心的"大船文化"。

第二阶段是整合成长阶段，从 20 世纪 90 年代中期到 2000 年。联想面对国际竞争对手，提出了"扛起民族微机工业大旗"的口号，提出"贸、工、技"的产业发展之路。在管理方面，提出建班子、定战略、带队伍的管理三要素理念。特别是在走向国际市场的过程中，联想提出了"认真、严格、主动、高效"的严格文化。为了适应集团发展的需要，进一步发展了平等、信任、欣赏、亲情的亲情文化。

第三阶段是多元化转型阶段，从 2001 年到 2004 年。杨元庆开始接掌联想控股，集团业务向多元化和国际化发展，提出服务顾客、精准求实、诚实共享、创业创新的核心价值观。

第四阶段是重归核心业务阶段，以并购 IBM 个人电脑业务以及柳传志回归为起始到今天，企业文化以二次创业为特色。

从联想控股走过的不同阶段可以看出，每一个阶段的战略重点不同，使得联想控股的企业文化也都有所不同。在创业和发展的初期，联想控股经历的是一个求生存求发展、从"计划"走向"市场"的过程。联想人一开始面临创业初期的生存压力，随后面临从未遇到过的国际巨头的竞争，必须强调克服困难、迎难而上的精神。柳传志强调强力执行，从而有力地支持了"以客户为中心"的经营思路。通过创业发展，联想人开始摆脱计划经济体制的影响，不单纯看自己能制造和提供什么产品，而是琢磨市场需要什么样的产品和服务。

在进入学步期和青春期以后，联想控股面临的问题主要是从"草莽"走向"规范化"，这时候企业文化的重点就转向了层级和规则。通过层级和规则提高经营管理的精确性和效率性，引导员工的职业行为、服务质量、企业管理、业务流程等走向规范，从而走入了严格文化时期。

进入新世纪以后，联想控股发现了文化僵化的趋势，检讨缺乏内部沟通和协作等问题。这个时期联想人接受的是"小公司做事、大公

司做人"的道理，从硬性的"绩效文化"、"严格文化"转向了柔性的
亲情文化和团队文化，追求企业文化的均衡发展。亲情文化下，提倡
内部互为客户，互相支持，推行矩阵式的管理理念，促进各部门、各
层次之间配合和资源共享，从而营造了一个宽松、包容、充满活力的
企业氛围。

联想控股在走向市场化、多元化、国际化的过程中不断根据战略
需要，丰富和变革企业文化内涵，展现出的企业形象和内部的文化氛
围有力地支持了业务发展，成为持续成长和及时纠正航向的重要动力。

● 追求卓越的中国建投

中国建银投资有限责任公司（简称"中国建投"）是一家国有综
合性集团公司，旗下的全资及控股企业涉及投资、金融、商业地产、
咨询服务等业务板块。2012 年集团合并总资产 760 亿元，人员规模达
1.8 万人。

作为集团的总部和母公司，中国建投自身的愿景、使命和战略随
着外部环境和内部能力的变化而适时地进行着调整。2004 年公司成立
之初主要任务是接收、管理和处置原中国建设银行非商业银行资产和
业务。2005～2006 年，中国建投参与证券公司的综合治理工作，完成
对多家证券公司的重组注资；2006 年，完成对国泰基金、浙江国际信
托等企业的商业化股权收购。2008 年 9 月，国务院批准中国建投业务
方向调整，公司作为中投公司部分实业投资平台，承担主权财富基金
的人民币投资职能，先后对中联重科、南京莱斯、上海银行、上海国
际航运中心等企业、项目投资。

在发展的每一个阶段，中国建投都将企业文化建设工作视为增强
企业软实力和综合竞争力的重要组成部分，但并没有简单沿袭传统国

有企业的宣传手段，而是从不同角度出发，不断进行文化的创新和变革。

1. 从企业生命周期的角度出发

在公司成立初期，企业文化处于起步阶段，重点是从无到有搭建企业文化体系。一是设计形成公司 CIS，开展商标管理，树立品牌形象；二是组织系列座谈会、企业文化论坛、征文比赛等活动，推动员工对企业文化提出建议和形成共识；三是提炼形成公司核心价值观、公司精神、管理理念、工作准则及其相关诠释。进入二次创业时期后，公司开始走向成熟，企业文化建设的重点也转向对原有体系的丰富、完善和深化。一是研究制定品牌战略，对集团品牌进行管理；二是丰富和诠释核心价值观体系，开展核心价值观行为表现评价；三是建立报纸、研修院和微群等多层次的企业文化建设平台。

2. 从战略和业务的角度出发

随着战略和业务方向的调整，中国建投一直注重相应调整企业文化结构和内涵。从 2004 年到 2006 年，公司的主要任务是对原建设银行的非商业银行资产和业务进行接收、管理和处置，同时还开展了证券公司的综合治理工作，其中要处理大量的风险资产，化解风险敞口。因此，这一阶段的企业文化通过"知明而行"、"细节决定成败，风险至于流程"等理念，高度强调稳健的做事风格，重视对风险的控制和规避。从 2006 年到 2008 年，公司进行了一些商业化收购，集团化的轮廓初步显现，为此先后围绕核心竞争力、集团管理等主题进行大规模研讨，开始将集团文化建设提上日程。从 2008 年开始，公司主要业务向投资领域扩展，通过搭建一系列专业化平台，丰富集团功能，明确了主要业务板块。特别是在公司提出《2009～2020 年发展战略纲要》、《2012～2015 年发展规划》以及开展集团业务中期规划的大背景下，集团发展的一系列重大战略性问题进一步清晰，企业文化建设也更加有的放矢。核心价值观在原有的"尽责至善、忠信至诚、团结志坚、笃行至韧"的基础上中添加了"进取至臻"，融入了更多进取、创新的元素，强调开放与包容、批判与自省、建设与责任，更加符合战略和业务的发展方向。

3. 从人才团队的角度出发

中国建投成立之初，大部分员工来自于原建设银行，知识和专业结构受到金融业的影响相对较多，平均年龄不算太年轻，因此企业文化中有更多安全、稳重的元素。但是随着团队的扩大，新加入的员工在受到企业文化影响的同时，也在默默地带来新的元素。人才的专业背景、知识结构更加多样化，有些来自事务所、证券公司、咨询公司甚至企业，有些来自海外金融机构。特别是随着大量应届生的加入，人才团队更加年轻化，企业文化中活跃、开放、进取、创新的元素也越来越多。特别是在信息技术和网络技术高速发展的背景下，微群成为集团内各企业开展内部非正式沟通交流的重要载体，也得到了员工（特别是年轻员工）的欢迎和积极参与。

今天，文化力已经成为中国建投集团共同发展进步的重要动力来源之一。中国建投在通过企业文化建设推动经营管理水平提升、凝聚集团力量的同时，也在持续对企业文化的内涵和外延进行创新和演进，让文化发挥更大的效能。

参考文献

1. 王吉鹏、邸洁：《集团文化建设与管理（第3版）》，经济管理出版社，2012。

2. 郭亮：《向万科学管理》，浙江人民出版社，2011。

3. 白万纲：《集团管控之文化管控》，中国发展出版社，2008。

4. 北京同心动力企业管理顾问有限公司：《企业文化管理实战案例》，九州出版社，2010。

5. 周秀红：《中国国有企业文化创新探究》，北京师范大学出版社，2011。

6. 张竟成、张甲华：《基于行为业绩的高技能人才评价》，清华大学出版社，2010。

7. 栾永斌、张岩松：《企业文化案例精选精析》，中国社会科学出版社，2008。

8. 潘寒：《集团母子公司企业文化创新建设与塑造》，《建筑经济》2011年第8期，第93～95页。

9. 柯健：《母子公司文化整合背景下企业文化建设策略》，《中国劳动》2010年第6期，第44～46页。

10. 刘湘明：《万科集团：文化上的管控》，《东方企业文化》2011年5

期，第 40～41 页。

11. 刘光明：《集团公司文化》，经济管理出版社，2005。

12. 郭彩峰：《企业文化变革——基于制度变迁理论的分析》，硕士学位论文，西北大学，2007。

13. 吕军：《我国大型国企企业文化建设的现状及发展趋势》，《武钢政工》2006 年第 5 期，第 30～32 页。

14. 张霞：《加强国企企业文化建设初探》，《当代经济》2006 年第 3 期，第 41～42 页。

15. 周春光：《GE 文化的四大特色》，《中外企业文化》，2001 年 11 月，第 36～37 页。

16. 周秀红：《国有企业文化创新的战略思考》，《辽宁工学院学报》，2006 年 12 月，第 94～96 页。

17. 苏宇翔：《母子公司管理体制中文化管控的实践——以联想控股有限公司为例》，《闽西职业技术学院学报》，2012 年 6 月，第 55～57 页。

18. 雷涛：《惠普：用文化"管控"人心》，《东方企业文化》2007 年第 1 期，第 34～35 页。

19. 孙洪宇：《论企业文化的变革》，《硕士学位论文》，哈尔滨工程大学，2004。

20. 李海燕：《企业文化变革研究》，《硕士学位论文》，北京交通大学，2006。

21. 吴琼艳：《论构建我国企业学习型组织面临的问题及对策》，《现代商贸工业》2012 年第 3 期，第 26～27 页。

22. 邵华：《企业文化与学习型组织》，《中外企业文化》2012 年第 4 期，第 70～71 页。

23. 董志慧，张佳音：《国内企业建立学习型组织的途径分析》，《新资本》2004 年第 3 期，第 11～13 页。

24. 张妙偲：《国有企业文化建设的研究——以中国中化集团公司为例》，《硕士学位论文》，天津大学，2010。

25. 黄铁鹰：《海底捞你学不会》，中信出版社，2011。

26. 钟殿舟：《信仰：如何塑造齐心协力的员工和组织》，中国发展出版社，2007。

27. 张明帅：《公司精神——公司成长的核动力》，新华出版社，2009。

28. 〔英〕罗伯·高菲、盖瑞士·琼斯：《公司精神》，林洙如译，哈尔滨出版社，2003。

29. 周秀红：《中国国有企业文化创新探究》，北京师范大学出版集团，2011。

30. 叶生、陈育辉：《第三种管理模式》，机械工业出版社，2005。

31. 林坚：《企业文化修炼》，蓝天出版社，2005。

32. 特伦斯·迪尔、艾伦·肯尼迪：《企业文化：企业生活中的礼仪与仪式》，李原、孙健敏译，中国人民大学出版社，2008。

33. 赵文明：《中外企业文化经典案例》，企业管理出版社，2005。

34. 陈春花、曹洲涛、曾昊等：《企业文化》，机械工业出版社，2010。

35. 陈春花：《从理念到行为习惯：企业文化管理》，机械工业出版社，2011。

36. 张国梁主编《企业文化管理》，清华大学出版社，2010。

37. 王慧中：《企业文化地图——未来商战决胜之道》，机械工业出版社，2011。

38. 杨克明：《企业文化落地高效手册》，北京大学出版社，2010。

39. 方少华：《中国式风险投资》，企业管理出版社，2010。

40. AARCM 风险管理论文专家评审委员会编《企业全面风险管理论文集》，国际文化出版社，2008。

41. 黄晓鹏：《企业社会责任：理论与中国实践》，社会科学文献出版社，2010。

42. 谢地：《中央企业品牌建设报告》，中国经济出版社，2011。

43. 陈佳贵、黄群慧、彭华岗、钟宏武：《中国企业社会责任研究报告》，中国社会科学文献出版社，2009。

44. 王吉鹏、邸洁：《集团风险控制》，经济管理出版社，2012。

45. 杨新臣：《国际视野下的中国金融集团风险管理研究》，经济科学出版社，2008。

46. 许基南：《品牌竞争力研究》，经济管理出版社，2005。

47. 黄静、王文超：《品牌管理》，武汉大学出版社，2005。

图书在版编目（CIP）数据

企业文化解构与实践/张璐璐等编著. —北京：社会科学文献出版社，
2013.1

（中国建投研究丛书）

ISBN 978 - 7 - 5097 - 4183 - 2

Ⅰ.①企…　Ⅱ.①张…　Ⅲ.①企业文化 - 研究 - 中国　Ⅳ.①F279.23

中国版本图书馆 CIP 数据核字（2012）第 316018 号

· 中国建投研究丛书 ·

企业文化解构与实践

编　　著 / 张璐璐　涂　俊　范雪莹　单治国

出 版 人 / 谢寿光
出 版 者 / 社会科学文献出版社
地　　址 / 北京市西城区北三环中路甲 29 号院 3 号楼华龙大厦
邮政编码 / 100029

责任部门 / 经济与管理出版中心（010）59367226　　责任编辑 / 许秀江
电子信箱 / caijingbu@ ssap. cn　　　　　　　　　 责任校对 / 李有江
项目统筹 / 恽　薇　　　　　　　　　　　　　　　 责任印制 / 岳　阳
经　　销 / 社会科学文献出版社市场营销中心（010）59367081　59367089
读者服务 / 读者服务中心（010）59367028

印　　装 / 北京季蜂印刷有限公司
开　　本 / 787mm×1092mm　1/16　　　　　　　印　张 / 18.25
版　　次 / 2013 年 1 月第 1 版　　　　　　　　　字　数 / 226 千字
印　　次 / 2013 年 1 月第 1 次印刷
书　　号 / ISBN 978 - 7 - 5097 - 4183 - 2
定　　价 / 49.00 元